Helen Berhane
avec Emma Newrick

Le chant du rossignol

Enfermée 30 mois dans un conteneur pour sa foi

EDITIONS
OURANIA

Titre original en anglais: *Song of the nightingale*

First Published 2009 by Authentic Media
Reprinted 2010 (twice) by Authentic Media Limited
Milton Keynes, England

Les textes bibliques sont tirés de la version Segond 21.
http://www.universdelabible.net

Traduction: Dorcas Poget

Case postale 128
1032 Romanel-sur-Lausanne, Suisse

E-mail: info@ourania.ch
Internet: http://www.ourania.ch

ISBN édition imprimée 978-2-940335-72-5
ISBN format epub 978-2-88913-519-6
ISBN format pdf 978-2-88913-908-8

Imprimé en UE sur les presses de Lightning Source

Table des matières

Je dédie ce livre aux générations à venir qui,
je l'espère, n'auront pas à vivre des épreuves
semblables à celles que j'ai traversées.
C'est ma prière et le vœu de mon cœur.
Que ce récit les aide à ne pas oublier ceci:
la liberté est une chose que l'on ne devrait
jamais considérer comme allant de soi.

Remerciements

Merci au Dr Berhane Ashmelash pour ses compétences en matière d'interprétariat, ainsi qu'à Colin Spence.

Préface

Quelle menace peut bien représenter une chanteuse chrétienne face à la puissance politique et militaire d'une junte africaine? Sans le vouloir, Helen Berhane est devenue le symbole de la lutte entre les forts et les faibles. Son histoire témoigne de la puissance du pardon et de la grâce au sein même d'un environnement des plus hostile et des plus destructeur. Elle nous dépeint d'une manière captivante la beauté et le formidable impact qu'a pu avoir une vie totalement livrée à Christ, vie qui n'a pu être arrêtée par les verrous d'un conteneur métallique servant de prison de fortune. L'Erythrée figure désormais parmi les pays qui ont le plus sévèrement persécuté l'Eglise chrétienne au cours de l'histoire contemporaine. Et, comme nous le rappellent ces pages, ce n'est pas la persécution qui est une chose anormale, mais bien plutôt l'absence de persécution.

Ce récit est presque une version moderne du livre des Actes. Enfin, et c'est de loin le plus important, nos frères et sœurs persécutés ont une grande leçon à nous donner quant à la nécessité de donner à Jésus la première place dans notre vie.

Eddie Lyle, Directeur de «Portes Ouvertes» Irlande

Helen Berhane est une des femmes les plus remarquables que j'aie jamais rencontrées, et son histoire très touchante devrait être une lecture obligatoire pour tout chrétien d'Occident. Devenir chrétien en Erythrée, tout comme dans de nombreux autres pays du monde, implique un grand sacrifice, et nul n'incarne ce sacrifice mieux qu'Helen.

Mervyn Thomas,
Directeur de «Christian Solidarity Worldwide»

Préface de l'édition française

«Comment l'organisation *Portes Ouvertes* ose-t-elle prétendre que des prisonniers sont enfermés dans des conteneurs maritimes en Erythrée? Si c'était vrai, les journaux en auraient parlé...»

Mon interlocuteur est courageux: il a osé dire tout haut ce que beaucoup pensent probablement tout bas. Je lui fais remarquer que l'Erythrée est le pays où la presse est la plus réprimée au monde. Il est impossible, pour les journalistes autochtones ou étrangers, d'y travailler librement. Tout est sévèrement contrôlé par le pouvoir en place. Nous nous quittons en bons amis, mais je ne suis pas certain de l'avoir convaincu.

Dans les quelques mois qui suivent, nous publions les premières listes de chrétiens prisonniers en Erythrée. Très vite, un nom va prendre un relief particulier: celui d'Helen Berhane. Tous les autres sont des hommes, elle est une femme. Tous les autres sont pasteurs, évangélistes, responsables de l'enseignement des enfants; elle est chanteuse de gospel.

Une petite photo en noir et blanc, un peu floue, accompagne les informations qui nous ont été transmises. C'est un fac-similé de la jaquette de son CD.

Est-ce la photo, est-ce parce qu'elle est une femme ou parce qu'elle chante? Personne ne sait, au juste, pourquoi Helen Berhane est devenue si célèbre en Occident. Les quelques bribes de son histoire ont été abondamment diffusées par les mouvements militant pour le respect des droits de l'homme et les organisations de soutien aux chrétiens persécutés.

Les années passent. Les nouvelles se font tour à tour inquiétantes, puis réjouissantes. Ceux qui se préoccupent de son sort sont condamnés à l'inaction, à l'attente. Il ne reste que la prière. Ah, si seulement on pouvait faire quelque chose! Lui écrire, signer une pétition...

Aujourd'hui, Helen Berhane est sortie de son conteneur. Il lui arrive de prendre la parole en public pour témoigner de la relation profonde qu'elle entretient avec son Sauveur. A sa manière, elle a lutté victorieusement contre l'ennemi de nos âmes.

Son témoignage, corroboré par de nombreux autres, confirme les premières informations que contestait mon interlocuteur. Mais plus que cela, il peut encourager tous ceux qui passent par des épreuves insurmontables à vue humaine.

Helen Berhane l'a expérimenté: aucun enfer n'est trop sombre ni aucune prison trop fermée pour que Dieu ne puisse y pénétrer. Elle nous rappelle que, dans les situations désespérées, il est possible, et même recommandé, d'élever nos voix et de chanter des louanges à notre Dieu. Les Israélites l'avaient fait à Jéricho. Paul et Silas l'avaient fait dans la prison à Philippes. Helen Berhane l'a fait dans son camp en Erythrée, avec le résultat que vous découvrirez au fil de ces pages.

Que ces lignes vous encouragent à soutenir ceux qui, de par le monde, sont persécutés à cause de leur foi en Christ.

Portes Ouvertes (Suisse)

Les autres prisonniers et des gardiens eux-mêmes s'étonnaient de la joie des chrétiens en de si terribles circonstances. Nous ne pouvions nous empêcher de chanter, malgré les sanctions prévues. Les rossignols se tairaient-ils s'ils savaient que leur chant les condamne à mort?[1]

Richard Wurmbrand,
fondateur de l'organisation chrétienne
«Aide aux Eglises dans le Monde»

[1] *L'Eglise du silence torturée pour le Christ,* Apostolat des Editions, 1970, pp. 80-81.

Prologue

La flamme vacillante d'une unique bougie projette sa faible lumière à travers les ténèbres. Les bougies ne peuvent jamais brûler plus de deux heures, une fois que les gardiens ont fermé la porte du conteneur: à cause du manque d'oxygène, elle finissent par s'éteindre. Ce sera d'ailleurs bientôt le tour de celle-ci.

La femme derrière moi change de position dans son sommeil et ses genoux s'enfoncent dans mon dos, ce qui me provoque une vive douleur. Je tente de m'écarter quelque peu pour lui laisser plus de place, mais je me trouve déjà serrée contre un autre corps endormi. Je remonte ma couverture et me recroqueville autant que possible. Malgré le nombre que nous sommes, la température est glaciale. Des gouttes de condensation tombent du toit jusque sur ma joue, et lorsqu'elles touchent mes lèvres, je sens un goût de rouille. L'air est lourd. C'est un mélange d'une odeur âcre de métal sale, de la puanteur dégagée en permanence par le seau placé dans le coin et des effluves de corps privés d'hygiène et entassés dans un espace des plus réduit.

Je regarde autour de moi, essayant de distinguer à quel endroit se trouve la femme qui a perdu la tête. Je perçois une forme, debout près de la petite fenêtre qui a été grossièrement taillée dans le côté du conteneur. Je me raidis. Parfois, elle bloque l'ouverture en y fourrant sa couverture, coupant ainsi notre unique – et si petite – source d'air frais. D'autres nuits, elle crie et gémit en faisant tanguer le conteneur au point qu'aucune d'entre nous ne peut trouver le sommeil. Son état s'est aggravé depuis que nous sommes plus nombreuses: 19, au total, et ce dans un espace où l'on ne peut dormir qu'à 18. Ce soir, elle semble calme, et cela me met mal à l'aise...

Mais je suis tellement fatiguée que je force mon corps à se détendre sur le sol dur. Brusquement, la bougie s'éteint et je ferme les yeux. Puis, je pense à ma fille et je prie: «S'il te plaît, Seigneur, prends soin d'elle et garde-la.»

Le sol craque. Quelqu'un doit être en train de se lever et de trébucher contre les corps assoupis pour aller au seau qui sert de toilettes. J'essaie de faire abstraction de ce bruit. Puis, soudain, sans avertissement aucun, des mains enserrent mon cou comme un étau. Mes yeux s'ouvrent aussitôt, mais il fait trop sombre pour que je puisse distinguer quelque chose. J'entends alors un son rauque et je sais que c'est elle, la femme folle, qui ne relâche pas son emprise. Je me redresse, mais je n'ai pas de souffle pour crier, et je ne suis pas assez forte pour me dégager. Je fais donc la seule chose que je puisse faire: avec ma main libre, je tape sur la paroi du conteneur et donne aussi des coups avec mon pied. Tout autour de nous, des prisonnières se réveillent. L'une essaie de tirer la femme loin de moi, mais celle-ci a maintenant une main sur ma gorge et l'autre accrochée à mes cheveux qu'elle tire de toutes ses forces. Je réussis à prendre une bouffée d'air et à émettre un cri. Les autres prisonnières se mettent elles aussi à hurler et à donner des coups sur les parois. Puis, on entend des cris provenant de l'extérieur, des pas rapides et, finalement, le grincement des verrous qui s'ouvrent et le petit bruit caractéristique quand l'air pénètre à l'intérieur du conteneur. Les portes s'ouvrent brusquement.

Mes yeux me brûlent, lorsqu'une torche projette sa lumière vive sur mon visage. Un gardien tire brutalement la femme folle loin de moi et lui tape sur la tête et sur le corps avec sa matraque. Je m'effondre en suffoquant. Les hommes la traînent à l'extérieur et claquent à nouveau la porte derrière eux. Les autres femmes se précipitent vers la minuscule fenêtre, si petite qu'une seule personne peut voir au dehors. Celle qui parvient à observer la scène dit en chuchotant:

– Ils sont en train de la frapper!

Elle dit cela à voix basse afin de ne pas mettre les gardiens en colère, car ils n'apprécient pas que nous regardions ce qui se passe à l'extérieur. Elle ose un autre coup d'œil.

– Ils l'ont attachée dehors...

Puis, mes codétenues reprennent leur position allongée, aspirant à quelques heures de repos supplémentaires avant que les gardiens ne reviennent pour nous conduire au terrain qui sert de toilettes.

Je me recouche, moi aussi, mais j'ai l'impression d'avoir le crâne en feu et je sais que je ne dormirai pas cette nuit. Parfois, je ne parviens pas à croire qu'il s'agit de ma vie: ces quatre parois de métal, nous toutes parquées comme du bétail à l'intérieur, la douleur, la faim, la peur... tout cela parce que je crois en un Dieu qui est ressuscité et qui me demande de faire connaître ma foi à ceux qui ne le connaissent pas encore, un Dieu que l'on m'interdit d'adorer. Je repense à une question qui m'a été posée à plusieurs reprises au cours de ma détention, ces derniers mois: «Est-ce que votre foi en vaut vraiment la peine, Helen?» Et, tandis que je respire profondément l'air étouffant, que mon cuir chevelu me brûle, que la femme folle tempête dehors et que les gardes continuent leur ronde, je murmure: «Oui.»

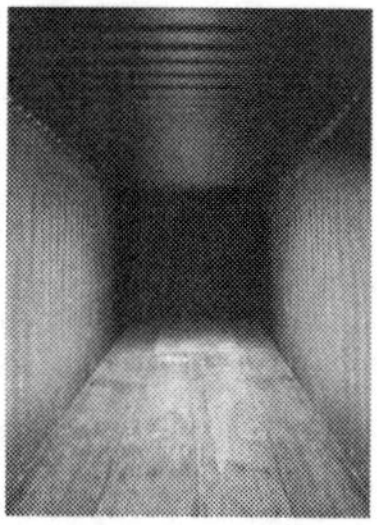

- 1 -

Le début de ma vie

Si vous m'aviez connue enfant, à Asmara, en Erythrée, vous n'auriez absolument pas imaginé que je pourrais me retrouver en prison un jour. Je ne suis pas de nature rebelle. J'étais une enfant discrète et une adolescente calme, probablement parce que je suis devenue chrétienne à un jeune âge.

Née en 1974, j'ai grandi dans un appartement situé au premier étage d'une jolie maison construite par les Italiens, du temps où notre pays faisait partie de leur empire colonial. Mes parents, tous deux infirmiers au grand hôpital d'Asmara, étaient de tradition orthodoxe. J'ai donc fréquenté l'église orthodoxe de notre quartier dès mon plus jeune âge, avec le reste de la famille. J'ai appris à connaître les Ecritures et, à l'âge de 8 ans, je me considérais comme chrétienne. Je ne me souviens pas d'avoir eu un «moment de conversion»; il était clair pour moi que ces enseignements étaient vrais.

A la naissance de ma plus jeune sœur, nous avons déménagé dans une maison plus grande, construite par mon père, et je me suis jointe à l'église catholique qui se trouvait près de chez nous. J'avais toujours chanté, même petite fille et, dans cette église, les gens m'ont encouragée à continuer, de telle sorte que, rapidement, je me suis mise à chanter et écrire des chants pour eux. A l'âge de 14 ans, ma foi était devenue plus profonde, et je savais que je voulais consacrer ma vie à faire l'œuvre de Dieu.

A cette époque, je me suis liée d'amitié avec une fille qui s'appelait aussi Helen, et nous avons pris l'habitude de prier et jeûner ensemble régulièrement. Déjà conscientes que les choses n'allaient pas très bien en Erythrée – nous étions en conflit avec l'Ethiopie pour notre indépendance – nous avons passé beaucoup de temps à demander à Dieu de conduire le pays et d'intervenir pour qu'un changement s'opère. J'avais la profonde conviction que je préférais mourir plutôt que de mener une vie inutile qui n'aurait aucun impact dans le monde.

J'ai commencé à considérer le chant comme une partie de mon service, tout comme l'annonce de l'Evangile aux autres. Mais j'avais aussi très à cœur les personnes malades que je connaissais dans notre quartier, et je consacrais une grande part de mon temps libre à leur rendre visite. En Erythrée, beaucoup de gens continuent, aujourd'hui encore, à s'appuyer sur le pouvoir des sorciers pour être guéris. Les sorciers écrivent sur une feuille une prière ou une malédiction concernant les ennemis de la personne malade, puis ils placent la feuille dans un petit tube de métal, autour duquel ils enroulent un morceau de cuir. Le malade doit ensuite attacher ce morceau de cuir autour de son cou et ne doit en aucun cas s'en séparer. Bien des personnes auxquelles je rendais visite portaient de tels grigris. Je me suis donc mise à prier de tout mon cœur pour elles et à leur parler de l'Evangile. Souvent, après que j'ai prié pour elles, elles ont ôté leurs amulettes et, parfois, elles les ont même brûlées. J'ai vu cela comme un signe clair que Dieu m'utilisait pour accomplir son œuvre.

A cette époque, je me suis fait baptiser, car je voulais montrer que j'étais sérieuse dans ma foi. J'aspirais à servir davantage le Seigneur et il me semblait que j'étais prête pour tout ce qu'il avait en réserve pour moi, peu importaient les défis que cela pourrait représenter.

Un jour, c'était en 1990, peu après mon 16e anniversaire, je suis rentrée de l'école, impatiente de terminer d'écrire un chant pour le culte du dimanche suivant à l'église. En arrivant sous la véranda, j'ai croisé notre domestique, Ruth, qui portait une corbeille de linge.

– Helen, ta mère veut te voir, m'a-t-elle dit alors.

Ma mère était dans la cuisine en train de préparer le repas. Lorsque j'ai pénétré dans la pièce, elle a levé les yeux de son travail et a souri.

– Helen, nous t'avons organisé des vacances. Tu vas aller à Addis-Abeba, en Ethiopie.

J'étais excitée à cette perspective, car je n'avais encore jamais quitté l'Erythrée. Je serais logée chez des amis de la famille, et il me tardait de rencontrer de nouvelles personnes et de découvrir une ville que je ne connaissais pas. J'ai toutefois perçu une certaine appréhension dans le regard de ma mère, mais j'ai supposé qu'elle s'inquiétait parce que je n'étais encore jamais partie en voyage. Avant de terminer mon chant, je suis allée dans ma chambre pour réfléchir à ce que j'allais emporter.

Lorsque le moment du départ est arrivé, mes parents sont venus me dire au revoir. Mon père acquiesçait en me regardant et ma mère esquissait un sourire hésitant. Puis, ils se sont regardés et elle s'est approchée de moi. Arrangeant mes cheveux, elle m'a dit:

– Helen, j'espère que tu profiteras bien de ton séjour au loin. Tu vas rencontrer quelqu'un de très important pour notre famille, qui deviendra aussi très important pour toi.

Elle m'a dit ensuite que, en réalité, j'allais à Addis pour me fiancer. Mon futur mari était un homme plus âgé que moi, un ami de mes parents, et notre mariage renforcerait les liens entre nos deux familles.

Durant mon voyage, j'ai beaucoup réfléchi à tout cela. Il arrive encore souvent, en Erythrée, que les mariages soient arrangés, même si c'est plus fréquent dans les régions rurales. De fait, il n'était pas vraiment étonnant que mes parents aient voulu qu'il en soit ainsi. Dans notre culture, les liens entre les familles sont très importants, et il n'est donc pas rare qu'une union serve à créer ou renforcer une relation entre deux familles. Jusque-là, je n'avais jamais vraiment pensé au mariage, mais lorsque je suis arrivée à Addis, j'avais décidé que, même s'il me faudrait quelque temps pour me faire à cette idée, j'étais contente de respecter le désir de mes parents. Mon plus grand souci était en fait l'écart d'âge qu'il y avait entre mon futur époux et moi: il avait 36 ans et j'en avais 16. Je craignais que nous n'ayons rien en commun...

A mon arrivée, nos amis sont venus me chercher et, bien entendu, ils m'ont parlé de mes fiançailles. Je commençais juste à me faire à l'idée d'être fiancée et à apprécier ce nouveau cadre de vie, quand mes parents m'ont rejointe à l'improviste. J'étais enchantée de les voir, mais je ne comprenais pas la raison de leur venue. Certes, ils m'avaient manqué, mais j'étais suffisamment âgée pour me débrouiller seule, surtout si je devais bientôt me marier.

– Vous n'aviez pas besoin de venir, leur ai-je dit en riant, je rentre dans quelques semaines!

– Helen, a répondu ma mère en secouant la tête, nous sommes venus pour ton mariage.

Sur le moment, je n'ai pas compris ce qu'elle voulait dire, puis elle a précisé:

– Tu vas te marier ici, maintenant.

Ma mère m'a expliqué que je ne rentrerais pas en Erythrée avec eux et que je ne retournerais pas à l'école, mais que je resterais à Addis et y habiterais avec mon mari.

Même si j'appréhendais, j'ai acquiescé, car je voulais obéir à mes parents. C'est ainsi que j'ai ravalé mes craintes et la boule dans ma gorge, et que je me suis préparée au mariage. J'aurais pourtant préféré avoir le temps de dire au revoir à mes camarades de classe...

Après le mariage, nous nous sommes installés dans une maison à Addis, où nous avons vécu pendant une année. Puis, nous avons décidé de retourner à Asmara. Eva, notre fille, est née en 1994. L'Erythrée que j'avais quittée était différente de celle que je retrouvais. Car entre-temps, elle était devenue indépendante et était gouvernée par le FPLE (Front Populaire de Libération de l'Erythrée) qui s'était battu pendant 30 ans pour accéder au pouvoir. Tout le monde envisageait l'avenir avec optimisme.

Moi aussi, j'essayais d'être optimiste, mais cela n'était pas facile, car mon mariage n'était pas heureux. Mon mari, qui ne partageait pas avec moi la foi en Christ, avait vécu en Suède avant notre union. Je pensais que, désormais, il serait content de rester avec nous en Erythrée, mais notre fille n'avait pas 6 mois lorsqu'il est reparti en Suède pour une certaine période. Au début, je n'étais pas inquiète, car mes parents m'aidaient à m'occuper d'Eva, et son père revenait encore de temps en temps pour quelques mois. Mais ses visites se sont espacées de plus en plus, jusqu'à ce qu'il parte pendant plus d'une année. Quand, enfin, il a été de retour, cela a été pour aller aussitôt voir mon père et lui donner une enveloppe… avec des papiers de divorce.

Cela me rendait triste, car, pour moi, le mariage était quelque chose de solennel aux yeux de Dieu. Mais je n'ai pas eu mon mot à dire dans cette affaire. En outre, je savais que, tout comme moi, mon mari s'était senti obligé de m'épouser et que nous étions tous deux malheureux. Cependant, je ne pouvais pas regretter ce qui s'était passé, car notre union m'avait donné ma fille bien-aimée.

Une fois le divorce prononcé, mon mari m'a donné une certaine somme pour que je puisse subvenir à nos besoins. J'ai su presque immédiatement ce que j'allais faire de cet argent. Un jour, lorsque j'avais rendu visite à une amie dans la partie sud de la ville – la partie riche – j'avais vu qu'un institut de beauté était en vente. J'aimais le contact avec les gens et il me semblait que j'apprécierais de les aider à se sentir bien dans leur peau. Une telle activité pourrait aussi me permettre de venir en aide aux autres en donnant une partie de mes bénéfices pour des programmes d'aide aux plus démunis de la ville et en parlant de ma foi aux clients.

A l'époque, je faisais de nouveau partie d'une église orthodoxe où j'étais impliquée dans un mouvement de renouveau. Après le divorce, j'ai décidé de continuer à m'y rendre, même si je savais que j'aurais désormais droit à des remarques, le divorce étant généralement mal vu dans ma culture.

Ce dimanche-là, je suis donc entrée dans l'église en saluant chaleureusement les dames que je connaissais bien. Mais celles-ci n'ont pas répondu à mon salut, et l'une d'elles m'a délibérément tourné le dos. Blessée et ne sachant que penser, je me suis assise à ma place habituelle. En réalité, ce n'était pas moi qui avais pris la décision de me marier, puis celle de divorcer... Personne n'est venu s'asseoir à côté de moi et je suis repartie aussitôt la rencontre terminée. La semaine suivante, lorsque j'y suis retournée, j'ai appris qu'il y avait eu en milieu de semaine une réunion de prière à laquelle je n'avais pas été conviée. Puis, j'ai surpris des femmes en train de chuchoter au sujet d'une autre réunion, mais elles se sont tues dès que je me suis approchée. Leur désapprobation manifeste rendait l'ambiance très désagréable pour moi. J'ai eu beau essayer d'expliquer ma situation, puis d'ignorer leur comportement, j'ai malgré tout fini par sentir que je n'étais plus la bienvenue dans cette église. Beaucoup ont cessé de m'appeler par mon prénom et ont commencé à parler de moi comme de «la divorcée».

– Oh, regarde, voilà la divorcée! Qu'est-ce qu'elle vient faire ici? disaient les gens.

On m'a exclue des rencontres de semaine et, finalement, des membres de l'église m'ont dit que je ne pouvais plus prendre part aux cultes. En outre, je n'étais plus autorisée ni à chanter, ni à prêcher, ni à m'impliquer d'une quelconque autre manière dans l'église.

– Une divorcée ne peut pas avoir de place dans l'église, m'a-t-on dit.

Je suis rentrée à la maison, amèrement blessée, et ne suis plus retournée à l'église. Je suis donc restée chez moi. Je priais seule dans ma chambre, souvent toute la nuit. Mais la communion avec d'autres chrétiens me manquait et, durant cette période, je me suis sentie très seule. Puis, Dieu m'a inspiré les paroles d'un cantique:

Quelle que soit la solitude dans laquelle je me trouve,
Jésus est en chemin avec moi.
Et même si d'autres personnes m'ont rejetée,
Dieu, lui, ne m'abandonnera jamais.

J'ai commencé à réfléchir plus sérieusement encore à ma foi et à lire et relire la vie de Paul dans la Bible. J'ai compris que, en tant que chrétienne, je devais être prête à faire face à de bien plus grandes souffrances que celle-ci. A cette époque, j'ai lu le livre *L'Eglise du silence torturée pour le Christ*, de Richard Wurmbrand, et cela m'a donné la conviction que Dieu me préparait à souffrir pour son nom. Je savais que je devais être prête à le servir, même si cela devait me coûter la vie.

Puis, le temps a passé. Mon institut de beauté était florissant et je commençais à apprécier ma nouvelle vie. Je parlais de ma foi en faisant des tresses à mes clientes et en les maquillant avec soin. Combien j'aimais voir le sourire des futures mariées qui se regardaient dans le miroir, tandis que je faisais tout pour qu'elles soient splendides le jour J. J'étais aussi heureuse de pouvoir venir en aide aux autres, du fait que je possédais mon propre commerce. Par l'intermédiaire d'un des programmes d'aide pour lesquels je donnais une partie de mes bénéfices, j'ai rencontré une femme qui était divorcée elle aussi et qui, de ce fait, se retrouvait isolée, tout comme moi. Elle travaillait comme blanchisseuse, mais ce qu'elle gagnait lui suffisait à peine pour vivre. En outre, elle avait le sida. Je me sentais vraiment bénie, en comparant ma situation à la sienne, et j'étais heureuse de pouvoir l'aider, elle et d'autres mères qui se trouvaient dans une situation semblable.

Toutefois, l'avenir paisible que nous avions espéré pour le pays, et pour lequel nous avions prié, ne s'est pas réalisé. L'Erythrée était à nouveau en conflit avec l'Ethiopie au sujet de leur frontière commune, et notre gouvernement avait renforcé encore le programme militaire initié par son prédécesseur. Nous étions dans l'incertitude, et j'étais convaincue qu'une période difficile nous attendait.

Puis, en 1998, la guerre a de nouveau éclaté avec l'Ethiopie, suite à une dispute qui avait eu lieu au sujet d'un village frontalier et qui a dégénéré en combat à grande échelle. Le conflit a été violent et, pendant les deux années de guerre, j'ai perdu beaucoup de bons amis. Eva avait 4 ans à ce moment-là, et j'étais reconnaissante qu'elle soit encore trop jeune pour être appelée.

J'aimais mon pays et je comprenais pourquoi notre armée se battait, toutefois, face au nombre considérable de morts, tout cela m'est rapidement apparu comme un terrible gaspillage de vies humaines. Plus de 19'000 Erythréens sont tombés au combat. C'était un chiffre énorme pour un si petit pays. Il me semblait que, chaque jour, j'apprenais la mort de quelqu'un que je connaissais. J'étais désolée pour tous ceux qui étaient impliqués dans ce conflit, Erythréens comme Ethiopiens, et j'étais convaincue que Dieu désirait quelque chose de meilleur pour nous.

Pendant cette période, j'ai continué à me concentrer sur mon service pour Dieu, car je savais que c'était ce qu'il voulait pour moi. Il y avait un centre de formation du Plein Evangile près de chez moi, et j'ai commencé à y suivre des cours de théologie durant mon temps libre. Je me rendais aussi régulièrement dans des églises d'autres villes ou de villages situés dans la campagne autour d'Asmara, afin de parler et chanter. Puis, je témoignais de ma foi à des personnes que je rencontrais dans la rue ou à l'institut de beauté. Petit à petit, je commençais à devenir connue comme chanteuse chrétienne, et beaucoup d'églises m'invitaient. J'étais heureuse d'être utilisée par Dieu.

J'avais rencontré un chrétien du nom de Yonas Hail, qui chantait lui aussi, et nous nous étions liés d'amitié. Un jour, il m'a dit qu'il préparait un film d'évangélisation destiné à être diffusé dans toute l'Erythrée et qu'il souhaitait que je participe au projet. Cela m'enthousiasmait. Mais tourner ce film était dangereux pour lui, car il était officiellement incorporé à l'armée et désertait régulièrement. Quand il se faisait attraper, il était mis en prison, mais dès qu'il était relâché, il désertait à nouveau. Il devait donc se cacher, car à ce moment-là, il venait justement de quitter l'armée une nouvelle fois. Il était donc très prudent quand il se rendait à l'endroit où nous répétions pour le film. Nous avons intitulé cette vidéo: *L'Evangile: le remède pour notre pays*. Il retraçait le parcours d'un Erythréen vers la foi en Christ. Nous espérions que beaucoup le regarderaient et entendraient ainsi l'Evangile et que, à terme, cela aiderait à guérir notre pays. Ce film est rapidement devenu célèbre parmi les jeunes chrétiens d'Erythrée, et nous avons été encouragés de voir qu'ils l'utilisaient pour témoigner de Jésus autour d'eux.

A ce moment-là, je ne me doutais pas que toute ma vie était sur le point de basculer...

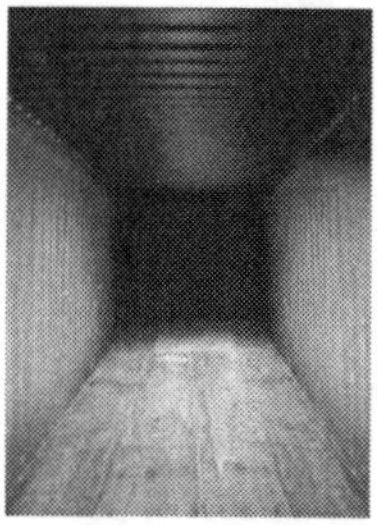

- 2 -

Temps difficiles

C'était un samedi soir, aux alentours de 20 heures, au début de l'été 2000. Je rentrais à pied avec des amis en traversant Asmara. Plus tôt, dans la journée, j'avais dirigé une étude biblique dans un groupe de maison et je devais encore m'arrêter un moment à l'institut de beauté pour faire ma comptabilité. Les femmes avec lesquelles je travaillais avaient besoin de recevoir leur salaire bien à l'heure, car elles avaient de jeunes enfants à nourrir. La journée avait été bien chargée et, tout en marchant, je songeais avec envie au repas que je préparerais lorsque, enfin, je serais de retour chez moi.

Nous nous sommes arrêtés au centre-ville pour prendre un taxi. Il y a une très grande église catholique à cet endroit, que chacun à Asmara appelle «la cathédrale». Pour y parvenir, depuis la rue principale, il faut gravir de nombreuses marches. Ces marches sont un endroit où, très souvent, les amis se retrouvent et où les gens viennent s'asseoir un moment. On y rencontre aussi, la plupart du temps, des groupes d'adolescentes qui pouffent de rire en observant les jeunes hommes flânant dans les environs et feignant de ne pas les voir. Dans la rue principale, les grands-mères se mettent au courant des derniers potins, et les hommes plus âgés échangent au sujet de l'actualité. Bref, cet endroit est un lieu de contacts et de promenade pour les personnes de tous les âges.

Ce soir-là, il faisait beau, et de nombreuses personnes bavardaient, riaient et se relaxaient, assises sur les marches. Lorsque nous sommes arrivés à la station de taxis située en contrebas des escaliers, j'ai observé un instant tous ces gens qui s'amusaient, et j'ai éprouvé pour eux un profond sentiment de compassion. La situation de conflit avec l'Ethiopie était toujours critique, et il était clair que nos deux pays se préparaient à de nouveaux combats importants. Il était possible que, peu de temps plus tard, beaucoup de ces personnes riant sous le soleil tombent sur le front et ne soient plus. Convaincue, en cet instant, que sans l'intervention de Dieu, les massacres se poursuivraient, j'ai su qu'il désirait que je parle à ces gens.

Regardant autour de moi, j'ai cherché mes amis. L'un avait rencontré quelqu'un qu'il connaissait, un autre essayait de héler un taxi et le troisième attendait, tout simplement, debout près de moi. Je lui ai mis mon sac à main dans les bras et j'ai dit:

– Tiens-moi cela, je vais prêcher!

Sur ce, je me suis retournée pour monter les marches, laissant mon ami perplexe avec mes affaires. Arrivée en haut, je me suis arrêtée et j'ai frappé fort dans mes mains pour attirer l'attention des gens. Je ne savais pas exactement ce que j'allais dire, mais je savais juste que Dieu désirait que je parle de lui à ces personnes. Beaucoup m'ont regardée avec curiosité.

– Nous habitons dans un pays formidable, ai-je commencé. Il n'est pas grand, mais nous sommes des gens déterminés, et nous pouvons être fiers de beaucoup de choses. Mais cette guerre nous déchire. Nous y avons tous perdu quelqu'un. Moi-même, j'ai perdu plusieurs bons amis dans les combats...

Près de moi, des personnes acquiesçaient.

– Et maintenant, ai-je poursuivi, on dirait que la lutte va encore s'intensifier et qu'encore plus de nos frères et sœurs vont mourir. Il est même possible que certains parmi vous n'en aient plus pour longtemps à vivre. C'est pourquoi je crois que ce dont notre pays a besoin maintenant, c'est de la réconciliation. Dieu ne veut pas que les gens qu'il a créés continuent à mourir comme ça. Jésus ne nous a-t-il pas demandé d'aimer notre prochain? Nous devons tous prier pour que l'Erythrée et l'Ethiopie fassent la paix et que cette guerre soit terminée le plus vite possible.

Peu à peu, les promeneurs se rapprochaient pour entendre ce que je disais, et j'ai vu que certains pleuraient, émus par mes paroles.

Quelques minutes après, je me suis tue, puis j'ai redescendu les marches. J'étais à peu près à la moitié de la descente, lorsque j'ai vu que deux hommes habillés plutôt sport, debout dans la foule en bas des escaliers, étaient en train de me fixer. Alors que j'arrivais à la rue, ils se sont approchés de moi et m'ont chacun saisie par une épaule. Mes soupçons étaient confirmés: il s'agissait bien d'agents de la police secrète. J'avais peur, mais je savais qu'ils ne pouvaient pas me faire de mal si Dieu ne le leur permettait pas.

Ils m'ont traînée à travers la foule, tandis que certaines personnes leur criaient de me laisser tranquille. Un homme a attrapé le bras d'un des deux agents, demandant:

– Qu'a-t-elle fait de mal? Où l'emmenez-vous?

Une femme à côté de lui a secoué la tête:

– Elle n'a rien fait de mal… elle n'a fait que parler de Jésus. Ce n'est pas un délit!

Ignorant l'homme, le policier a poursuivi son chemin d'un pas rapide.

Lorsque nous sommes arrivés au bord de la route, un des deux agents est parti en voiture et l'autre a continué à marcher en me tenant toujours par le bras. Une partie de la foule nous suivait toujours, mais peu à peu, les gens se sont dispersés jusqu'à ce qu'il ne reste plus que deux personnes: un homme qui se disait journaliste et un de mes amis du groupe de maison qui faisait comme s'il ne me connaissait pas pour pouvoir faire une déposition en ma faveur.

Nous sommes arrivés à une prison de jeunes délinquants, située non loin de là. C'était un vieux bâtiment de style italien qui ressemblait davantage à une maison familiale qu'à une prison. L'enceinte était très petite, les couloirs étaient étroits et les pièces minuscules. Le policier m'a intimé l'ordre de m'asseoir dans la salle d'attente, à la réception, jusqu'à ce que le chef de la prison soit appelé. Lorsque celui-ci est arrivé et qu'il a vu que je n'étais pas une jeune délinquante, il a haussé les épaules, secoué la tête et refusé de m'admettre en tant que prisonnière. L'agent de la police secrète était en colère, mais le directeur de l'établissement étant catégorique, il a été contraint de m'amener, à pied, au poste de police n°1[1].

J'étais souvent passée devant ce commissariat, mais c'était la première fois que je pénétrais à l'intérieur. On m'a conduite directement dans le bureau du chef pour un interrogatoire. Il s'est avéré que l'autre agent qui m'avait arrêtée nous avait devancés pour faire une fausse déposition. Selon ses dires, j'avais dénoncé les emprisonnements auxquels procédait le gouvernement dans le pays et déclaré devant tous que celui-ci, tout comme le Président, devait démissionner. L'homme savait que s'il avait dit la vérité (j'avais simplement parlé de l'Evangile), ils auraient dû me laisser partir.

Le chef a fait signe aux deux policiers de nous laisser seuls, puis il s'est assis à son bureau et a croisé les bras sur son uniforme bleu. Il avait posé sa matraque sur la table, à côté de son képi, probablement pour m'intimider. Et j'avais peur, en effet, mais je savais que je n'avais rien fait de mal. En attendant qu'il parle, je l'observais. Il avait peut-être l'âge de mon père, toutefois, son air sévère le vieillissait.

– Est-ce vrai? a-t-il demandé. Teniez-vous des propos contre le gouvernement?

J'ai secoué la tête.

---

[1] En Erythrée, les postes de police ont des numéros.

– J'ai seulement parlé de l'Evangile et dit que j'étais triste que tant de personnes meurent à la guerre. Je suis loyale envers mon pays et je désire simplement qu'il puisse prospérer. Mais je crois que, pour cela, les gens doivent avoir foi en Dieu. J'ai dit aussi que nous devrions prier pour la fin de la guerre.

Le chef a ensuite appelé le journaliste pour qu'il donne sa version des faits. Debout dans le bureau, celui-ci avait l'air très embarrassé.

– Je suis désolé... a-t-il dit... mais je ne suis arrivé qu'à la fin, et je n'ai donc pas entendu ce qu'elle a dit...

Je l'avais pourtant vu pendant mon discours, mais il devait avoir peur de ce que la police secrète pourrait faire s'il disait la vérité.

– Vous me faites perdre mon temps, a répondu le chef avec une mine renfrognée. Vous êtes censé *témoigner*. Mais comment voulez-vous le faire, si vous n'avez ni entendu ni vu ce qui s'est passé? Rentrez chez vous!

Ensuite, ils ont fait venir mon ami. Il n'a pas mentionné qu'il était chrétien ni dit qu'il me connaissait, mais a simplement expliqué ce qu'il m'avait entendu dire. A ce moment-là, les églises étaient encore tolérées et il n'était pas interdit de parler de Jésus. La police ne savait donc pas quoi faire de moi. Ils m'ont ordonné d'attendre à la réception, et j'ai vu plusieurs autres policiers entrer dans le bureau du chef, manifestement pour discuter de mon cas. Assise sur une chaise, je priais que la volonté du Seigneur se fasse. Si c'était sa volonté que je sois relâchée, je serais libre, et s'il voulait que je sois emprisonnée, je serais heureuse de souffrir pour son nom. Puis, finalement, plus tard dans la soirée, ils m'ont rappelée, ont noté mes nom et adresse et m'ont convoquée pour le lendemain.

Le matin suivant, je ne suis pas allée travailler à l'institut de beauté comme d'habitude. J'ai appelé mes parents pour leur dire que j'avais été arrêtée la veille, au cas où la police déciderait de me garder. Je voulais m'assurer que ma fille et eux-mêmes sachent où j'étais et que quelqu'un puisse s'occuper de mon commerce. Puis, je suis retournée au commissariat n°1 et me suis à nouveau présentée au chef. Assis derrière son bureau, celui-ci me regardait fixement, tout comme la veille. J'étais sûre qu'il trouvait que je lui faisais perdre son temps, et je me demandais s'il n'aurait pas préféré me laisser partir avec un simple avertissement. Cependant, à cause du rapport de la police secrète, il était obligé de me considérer comme une sérieuse menace pour le gouvernement. Il a donc commencé à me bombarder de questions.

– Où êtes-vous née? Où habitez-vous? Où travaillez-vous?

Je lui ai répondu honnêtement, en donnant le plus de détails possible, mais mes réponses ne semblaient pas le satisfaire. Alors, se penchant vers moi par-dessus son bureau, il m'a demandé:

– Pourquoi vous êtes-vous rendue à cet endroit historiquement symbolique pour prêcher? Aviez-vous une intention particulière?

Sur le moment, je n'ai pas compris ce qu'il voulait dire, puis, cela m'est revenu: après la libération de l'Erythrée, le nouveau gouvernement avait rebaptisé la rue qui mène à la cathédrale «Avenue de l'Indépendance».

– Je n'ai pas considéré cet endroit comme un lieu historique, ai-je répondu. C'était pour moi le parvis de l'église, et j'ai prêché depuis le bâtiment de l'église, et non depuis la rue. Je n'avais aucune intention politique en parlant là.

– Je vous donne un avertissement officiel, a-t-il dit en secouant la tête: ne recommencez plus à prêcher. Plus jamais.

Je savais qu'il voulait que j'acquiesce docilement, mais je ne pouvais pas renier mon Dieu. Relevant les yeux vers lui, j'ai répliqué:

– Je n'arrêterai jamais de prêcher. L'Evangile ne peut pas être arrêté.

Il a à nouveau secoué la tête; je défiais ses ordres.

– Vous parliez de massacres et de gens qui meurent à la guerre. Pourquoi cela vous touche-t-il autant? Etes-vous obsédée par la mort?

Puis, il a commencé à me taquiner en disant:

– Ah, je sais, vous avez dû avoir un petit ami qui est mort sur le front!

Dans ma culture, il est très irrespectueux, pour un homme, de parler à une femme de cette manière, mais je lui ai calmement répondu la vérité.

– Cela me touche parce que tous les Erythréens, et tous les Ethiopiens aussi, sont mes frères et sœurs, et je ne veux pas qu'ils meurent.

Un prêtre de l'église orthodoxe éthiopienne avait récemment dit aux informations qu'il priait pour l'anéantissement total des deux armées, et cela nous avait beaucoup attristés, mes amis et moi. De tels propos n'étaient pas dignes de la foi en Christ et n'aideraient pas à résoudre le conflit. Faisant allusion à cet homme, le chef du poste m'a dit ensuite:

– Même les prêtres ne peuvent pas apporter de changement à la situation, alors pourquoi essayez-vous?

– Les prêtres devraient parler de réconciliation et non de destruction, ai-je répliqué. Dieu ne veut pas que les hommes s'entretuent. Le comportement de cet homme qui prie pour qu'autant de soldats meurent des deux côtés n'est pas digne de la foi en Jésus, et cela nous a choqués, mes amis et moi. Nous ne prions pas pour que des gens meurent; nous prions plutôt pour que la guerre soit bientôt terminée, car ce serait le mieux pour les deux pays.

Nous avons parlé de ce sujet pendant un certain temps. Voyant que j'étais sincère et que je ne cherchais pas à ce que le gouvernement tombe, le policier a alors commencé à se montrer plus amical avec moi.

– Il y a du vrai dans ce que vous dites, Helen, a-t-il fini par conclure, mais vous ne pouvez rien faire pour empêcher la guerre. Votre sermon pourrait être utile plus tard, mais maintenant, ce n'est pas le moment. Vous êtes jeune, et vous devriez profiter de la vie, sans vous inquiéter des choses qui ne vous concernent pas. Je vous relâche aujourd'hui, mais vous ne devez plus prêcher.

J'ai donc quitté le commissariat en sachant toutefois que je n'obéirais pas à cet ordre. Et je n'allais pas devoir attendre longtemps avant que ma foi ne soit à nouveau mise à l'épreuve...

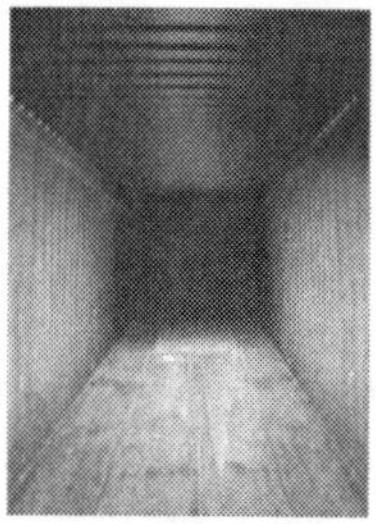

- 3 -

Arrêtée

Une semaine après mon arrestation près de la cathédrale, je me suis rendue, comme à mon habitude, à un groupe de maison qui avait lieu au centre-ville. Ensuite, je suis allée à une autre rencontre où il était prévu que je chante, dans un quartier résidentiel de la ville. Nous venions juste de commencer la réunion lorsqu'on a frappé à la porte. Notre hôte a ouvert et s'est trouvé face à face avec un homme en colère.

– Qu'est-ce que c'est que tout ce bruit? a dit celui-ci. Vous ne savez pas que les gens essaient de dormir? Pourquoi est-ce qu'on devrait être dérangés par vos chants?

Notre hôte s'est excusé et a poliment demandé à l'homme dans quelle maison du voisinage il habitait. Mais celui-ci a secoué la tête, irrité:

– Je ne vous ai pas dit que j'habitais là! Je suis passé près d'ici et je vous ai entendus. Vous devriez penser aux autres!

Notre hôte a promis que nous ferions attention de ne pas chanter trop fort, tout en mentionnant qu'aucun des riverains ne s'était plaint. L'homme est parti, toujours furieux. Il était évident qu'il nous cherchait des ennuis. Et en effet, nous avons appris plus tard qu'il s'était ensuite directement rendu au poste de police n°2 pour dire que nous troublions l'ordre public.

Je venais juste de commencer à chanter, quand, à nouveau, quelqu'un a frappé à la porte. Mais cette fois, lorsque notre hôte est allé ouvrir, de nombreux policiers se sont engouffrés dans la maison. Je les ai vus envahir la pièce où nous étions réunis, mais j'ai continué à chanter, ne voulant pas me laisser interrompre dans ma louange au Seigneur. Et, chose incroyable, ils ont attendu que je termine. Ce n'est que lorsque j'ai entonné le deuxième chant qu'ils m'ont ordonné d'arrêter et nous ont demandé à tous de montrer nos papiers d'identité.

Notre groupe a ensuite été conduit au commissariat n°2. Nous étions environ une vingtaine, hommes et femmes confondus, tous adultes. Lorsque nous sommes arrivés, on a commencé à nous interroger. Les agents voulaient savoir pourquoi nous nous étions réunis dans cette maison. Un des policiers a alors pointé son doigt vers moi et a dit:

– Celle-là, c'est la chef. Demandez-lui ce qu'elle faisait là-bas!

– Nous nous sommes simplement réunis pour prêcher et entendre l'Evangile, ai-je répondu, et nous n'avons pas causé de trouble. Ce n'est pas un crime d'adorer Dieu. Vous devriez nous relâcher, car nous n'avons rien fait de mal.

Mais ils nous ont gardés jusque tard dans la soirée. Beaucoup de ceux qui étaient avec moi ont commencé à s'inquiéter, car le lendemain, nous étions lundi, et s'ils restaient en prison toute la nuit et ne pouvaient se rendre à leur travail au matin, ils perdraient leur emploi. La plupart des entreprises d'Erythrée sont dirigées par l'Etat, et ce d'une manière très stricte. Souvent, un simple retard peut entraîner un licenciement. Certaines personnes étaient extrêmement inquiètes, car elles n'avaient jamais été arrêtées auparavant. Nous avons donc essayé de nous encourager les uns les autres et avons prié jusqu'à ce que, tard dans la soirée, les policiers nous relâchent enfin après nous avoir sommés de cesser nos rencontres. Toutefois, nous étions presque tous résolus à continuer de nous réunir.

Même si c'était la deuxième fois que l'on m'arrêtait, j'étais déterminée à poursuivre mon ministère. Je me rendais souvent à l'hôpital pour parler aux malades et pour leur annoncer l'Evangile. Environ un mois après cette seconde arrestation, alors que je m'y trouvais à nouveau, comme à l'accoutumée, une des infirmières est venue me saluer et m'a dit:

– Helen, il est à nouveau là aujourd'hui.

Tout le monde, à l'hôpital, savait très bien de qui il s'agissait. Il y avait un homme connu de tous qui venait aux soins intensifs et qui attendait que les malades meurent pour, ensuite, leur acheter un cercueil. C'était un riche homme d'affaires qui avait passé de nombreuses années aux Etats-Unis et qui prétendait faire cela par charité. C'était toutefois une étrange manière de faire acte de charité, car il y a beaucoup de pauvres, en Erythrée, et il aurait pu les aider de façon plus efficace en leur achetant des médicaments... Les morts ne se préoccupent pas d'avoir un cercueil ou non! C'est ce que les infirmières avaient essayé de lui expliquer, mais il n'avait rien voulu entendre. Les gens pensaient donc qu'il souffrait d'une maladie psychique ou qu'il faisait partie d'une de ces sectes dont les adeptes vénéraient les morts. Le personnel essayait souvent de le faire partir, car le fait qu'il soit là à attendre que quelqu'un meure dérangeait les patients et leur famille.

Quand j'ai appris qu'il était à nouveau aux soins intensifs, je suis allée le voir et j'ai commencé à lui parler de l'Evangile. Mais il ne voulait pas écouter.

– De quel droit me parlez-vous de cela? s'est-il mis à hurler. Comment osez-vous m'humilier devant ces gens?

Il a approché son visage tout près du mien et a vociféré contre moi en postillonnant. Ses yeux sortaient presque de leur orbite. Je commençais à me demander s'il n'était pas fou. Les infirmières n'ont eu d'autre choix que d'appeler les agents de sécurité. Ceux-ci ont essayé de le calmer.

– Ce n'est qu'une jeune femme, a dit l'un d'eux. Quel mal peut-elle faire? Vous ne devriez pas lui crier dessus de cette façon!

Mais il ne voulait pas se laisser raisonner et continuait à hurler:

– Amenez-la au poste de police! Elle m'a humilié et je veux qu'elle soit arrêtée!

Il était tellement furieux que les gardiens ont décidé qu'il serait mieux d'appeler les forces de l'ordre. Des policiers sont donc arrivés, puis ils nous ont poussés dans un de leurs fourgons et nous ont conduits au commissariat n°6. Cet homme capable de se mettre dans une colère aussi irrationnelle me faisait peur et je n'étais vraiment pas à l'aise, assise si près de lui, dans la voiture. Puis, nous sommes arrivés, et j'ai été soulagée de pouvoir sortir. Les deux policiers qui nous escortaient nous ont menés dans une petite salle d'interrogatoire et nous nous sommes retrouvés face au chef de poste, qui voulait savoir pourquoi nous étions là.

– Elle m'a humilié devant tout le monde à l'hôpital! a dit l'homme. Je veux que vous l'arrêtiez!

Mais le policier, qui avait, lui aussi, déjà entendu parler de cet homme, lui a demandé quelle était sa profession. Il a répondu qu'il était fermier, ce qui n'était pas la vérité.

– Que fait un fermier aux soins intensifs? lui a demandé ensuite le chef.

L'homme a haussé les épaules et a dit qu'il aidait les gens en leur achetant des cercueils.

– Mais si vous voulez aider les gens, pourquoi ne leur achetez-vous pas des médicaments? ai-je dit. Vous devez avoir une autre raison d'acheter des cercueils...

Mon agresseur a alors complètement perdu le contrôle de lui-même et a commencé à trembler de fureur. Le policier, voyant qu'il risquait à nouveau de devenir violent, l'a renvoyé chez lui. Quant à moi, j'ai été gardée au poste.

– D'où a-t-il l'argent pour acheter des cercueils? m'a demandé le policier.

– Si vous vous interrogez sur la provenance de son argent, pourquoi le laissez-vous partir? ai-je répliqué. Comment pourrais-je savoir d'où lui vient son argent? C'est à lui que vous devriez le demander, pas à moi...

Il était évident qu'ils étaient embarrassés. Ils auraient dû arrêter l'homme parce qu'il causait du trouble, mais il leur était plus facile de m'arrêter moi, car je ne faisais pas d'histoires. Ils m'ont donc mis les menottes aux poignets et conduite dans une cellule d'isolement.

C'était la première fois que je me retrouvais réellement en prison. Je m'efforçais de rester calme, mais ce n'était pas facile. La cellule était très petite. Il y avait juste la place de se coucher sur le sol. Lorsque la porte s'est refermée, j'ai réprimé un cri de panique à l'idée de rester confinée dans un espace aussi réduit. Il faisait très sombre, chaud et il n'y avait pas d'air. Je me suis laissée glisser contre le mur et suis restée assise ainsi. Il était difficile de trouver une position confortable, d'autant plus que les menottes retenaient mes bras attachés dans mon dos et me serraient plus encore quand je tentais de remuer les mains. Rapidement, j'ai commencé à ressentir des fourmillements puis des brûlures dans les doigts, car à cause du métal qui enserrait mes poignets et de la mauvaise position dans laquelle j'étais obligée de m'asseoir ou de me coucher, la circulation ne se faisait plus bien. Je n'ai pas tardé à avoir des vertiges et, lorsque, à la faible lumière, j'ai regardé mes jambes, j'ai vu que ma peau commençait à peler. C'était dû à la déshydratation. Ce premier jour m'a semblé durer une éternité, et j'ai assez vite perdu la notion du temps.

Je suis restée enfermée ainsi durant 24 heures, et j'ai passé toute la nuit en souffrance, car personne n'est venu pour me conduire aux toilettes et je ne pouvais pas me résigner à me soulager dans la cellule. Lorsque, enfin, un gardien est arrivé pour m'accompagner aux w.-c., il est resté debout derrière la porte (qui ne fermait pas à clé) et n'a pas cessé de frapper pour que je me dépêche. Puis, il m'a ramenée dans ma cellule.

Cela a duré plusieurs jours. J'étais toujours enfermée pour 24 heures d'affilée, souvent sans pouvoir faire mes besoins. Ensuite, un policier venait me chercher pour un interrogatoire. Assise devant le fonctionnaire, les yeux me brûlant à cause de la lumière (je n'y étais plus habituée), je luttais pour ne pas tomber par terre, car j'avais la tête qui tournait. Ma famille m'apportait toujours de la nourriture faite maison dans une poêle en métal, mais à chaque fois, les gardiens en versaient le contenu dans un sac en plastique qu'ils poussaient dans ma cellule. Je devais donc manger avec les doigts dans ce sac.

Enfin, au bout de 11 jours, on m'a fait sortir pour me conduire au tribunal: l'homme en colère avait porté plainte contre moi. Lorsque je suis arrivée, il était déjà là, car sa voisine avait intenté un procès contre lui! Celle-ci se plaignait de ne pas pouvoir dormir de nuit comme de jour, parce qu'il la dérangeait sans cesse. En entendant cela, j'ai été convaincue qu'il était atteint d'une maladie mentale. Lorsque l'audience relative à son premier procès a été terminée, il a exposé son grief à mon sujet. Puis, il a demandé que je m'excuse non seulement devant le tribunal et le personnel de l'hôpital, mais aussi devant toute mon église. Il voulait que je reconnaisse que j'avais eu tort de lui parler de l'Evangile et de l'humilier. Comme j'ai refusé, on m'a ramenée au poste.

Cette fois, cependant, on ne m'a pas mise en cellule isolée, mais dans une grande cellule avec un groupe de femmes. J'étais très contente de me trouver dans un endroit éclairé et aéré, et j'appréciais la compagnie. J'ai commencé à chanter pour ces femmes, ce qui nous a aidées à trouver le temps moins long et à rester de bonne humeur. Plus tard, ce jour-là, la police m'a reconduite au tribunal, mais il n'y avait rien à faire, l'homme ne voulait toujours pas renoncer à ses exigences démesurées. J'ai donc demandé à parler au juge.

C'était un homme d'un certain âge, calme et posé. Je lui ai expliqué ce qui s'était passé à l'hôpital, puis lui ai parlé de moi et de ma foi. Il a écouté avec attention mes explications. Je voulais qu'il comprenne que j'avais cherché le bien de cet homme et que sa réaction était totalement déraisonnable.

Lorsque j'ai eu terminé, il m'a dit:

– Comme vous avez l'air de vouloir volontiers aider les gens, peut-être pouvez-vous me donner quelques conseils...

Il m'a expliqué alors qu'il rencontrait un problème avec sa femme, ce qui lui causait du souci. Je l'ai écouté et j'ai essayé de l'aider du mieux que je pouvais. Il n'a rien dit au sujet de ma foi chrétienne, et je ne sais pas s'il était lui-même chrétien, mais quand nous sommes retournés dans la salle d'audience, il a réglé l'affaire en ma faveur. J'étais certaine que Dieu s'était occupé de moi et était intervenu pour que je sois relâchée.

Pendant un certain temps, la vie en Erythrée a été plus paisible, du moins en apparence. La guerre était officiellement terminée, même s'il y avait toujours des tensions entre les deux pays. Notre gouvernement, dirigé par le Président Isaias Afeworki, devenait toutefois plus strict et moins tolérant: il a interdit la presse privée et a emprisonné des intellectuels et des personnalités influentes qui le critiquaient.

Puis, en mai 2002, il a publié un décret ne reconnaissant officiellement que quatre courants religieux en Erythrée: l'Eglise orthodoxe, l'Eglise catholique, l'islam et les églises évangéliques affiliées à la Fédération luthérienne. Tous les autres groupes (y compris les dénominations chrétiennes établies depuis longtemps dans le pays et mondialement reconnues, comme les presbytériens, les baptistes et les méthodistes, mais aussi les églises évangéliques et pentecôtistes autochtones) étaient tenus de présenter une démarche d'enregistrement. Et pendant la durée de la procédure, il leur était interdit de se réunir. J'étais pour ma part membre de l'église «Rhema», un groupe pentecôtiste. Les responsables étaient tristes, mais ils ont décidé de croire que l'Etat tiendrait sa promesse et que, une fois les démarches d'enregistrement effectuées, nous pourrions reprendre nos activités.

Cependant, non seulement le gouvernement a refusé l'enregistrement de ces églises, mais il a aussi commencé à diffuser une propagande antichrétienne sur les ondes. Il accusait les chrétiens d'être à la solde d'organisations étrangères telles que la CIA, de provoquer le mécontentement de la population et de créer un climat général risquant de favoriser une invasion étrangère. Puis, peu après, l'Etat a commencé à arrêter des personnes simplement parce qu'elles possédaient une Bible. Régulièrement, la police faisait irruption dans les maisons des croyants, interrompait les réunions de petits groupes, de même que les rencontres tout à fait informelles entre chrétiens. Le gouvernement s'est même mis à arrêter des croyants qui possédaient un commerce. Beaucoup étaient appréhendés chez eux parce qu'ils lisaient la Bible et priaient en famille. Ils étaient tirés du lit, on venait les chercher sur leur lieu de travail ou ils étaient arrêtés en pleine rue.

J'étais consternée: j'aimais mon pays et j'avais cru que notre gouvernement cherchait son bien, mais maintenant, je me rendais compte qu'il n'en était pas ainsi. Comment nos dirigeants pouvaient-ils faire jeter en prison des citoyens qui respectaient la loi et qui étaient assidus au travail, pour la simple raison qu'ils croyaient en Dieu? Un véritable climat de répression régnait à Asmara. En effet, n'importe qui pouvait faire partie de la police secrète et il était difficile de faire confiance. Un homme pouvait rentrer chez lui à la fin de la journée pour découvrir que sa femme avait été emmenée, ou une femme pouvait attendre en vain que son époux rentre du travail.

J'écrivais toujours des chants parlant de l'Evangile et je prévoyais de publier un album. Je continuais aussi à chanter et à donner des enseignements bibliques. Ces études bibliques avaient lieu dans une des églises orthodoxes qui étaient encore autorisées à rester ouvertes.

Quelques mois plus tard, en 2003, mon CD était achevé. Entre-temps, l'église «Rhema», dont je faisais partie, était devenue clandestine, puisqu'elle était toujours officiellement fermée par le gouvernement. Toutefois, ses membres voulaient me soutenir et m'aider à diffuser l'album. J'étais ravie que mes chants puissent atteindre un public plus large et contribuer à répandre le message de l'Evangile.

Convaincue que la peur et l'Evangile ne pouvaient cohabiter, j'étais déterminée à poursuivre mon travail pour le Seigneur quoi qu'il advienne.

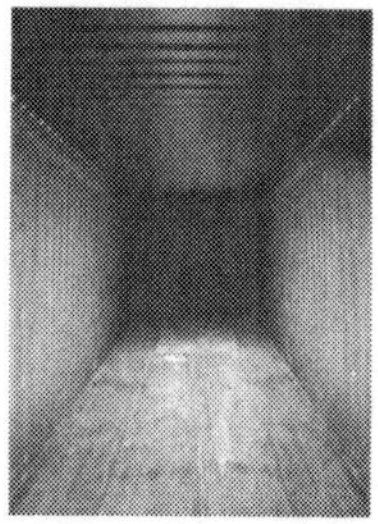

- 4 -

En prison

Peu après la parution de mon CD, quelques jeunes m'ont demandé de conduire une étude biblique trois fois par semaine chez l'un d'entre eux. J'ai accepté, et c'est ainsi que nous avons commencé à nous réunir dans la cave de la maison, en général très tard dans la nuit, en secret. Je savais que c'était une chose dangereuse, mais déterminée à poursuivre la mission que Dieu m'avait confiée, j'étais prête à prendre le risque d'être arrêtée.

J'ai enseigné dans ce petit groupe pendant environ un mois. Un soir, je me suis rendue comme d'habitude au lieu de rendez-vous. Il était plus de minuit, et je ne m'attendais pas à croiser beaucoup de monde dans les rues. Mais alors que j'attachais mon vélo, j'ai surpris une conversation entre deux jeunes hommes qui flânaient au coin de la rue, dans la pénombre. Puis, lorsque je suis passée devant eux, j'ai distinctement entendu l'un des deux dire: «C'est elle.»

Tout en entrant dans la maison et en descendant les escaliers qui menaient à la cave, je me suis demandé si je devais vraiment faire cette étude biblique. Qu'adviendrait-il des jeunes du groupe s'ils étaient pris? Cela m'inquiétait. Toutefois, dès que j'ai vu leurs visages enthousiastes, j'ai su que Dieu voulait que je sois là.

Ce soir-là, il y avait 15 jeunes serrés dans la petite pièce aux murs de pierre, dont deux adolescentes. Alors que je commençais à raconter une histoire de la Bible, la porte s'est ouverte brusquement et une horde d'agents de la police secrète a fait irruption dans la cave. Trop nombreux pour que nous puissions les compter, ces hommes ont envahi l'espace en nous poussant sans ménagement au milieu de la pièce. La forte odeur d'alcool qu'ils dégageaient m'a fait comprendre que beaucoup étaient ivres. Ils étaient tous armés de matraques et plusieurs avaient aussi un fouet en plastique. Ils ont commencé à nous frapper avec leurs armes, et se sont même attaqués à nous à mains nues. Les coups pleuvaient sur ma tête et sur mon dos, tandis que je me recroquevillais sur le sol en pierre. Nous nous sommes resserrés pour essayer de protéger les deux jeunes filles blotties au centre de notre groupe, mais les policiers étaient sans merci.

Puis, j'ai senti les doigts de l'un d'eux enserrer mon bras si fort que cela m'a provoqué une ecchymose. Il m'a traînée loin de mes amis et m'a tirée dans les escaliers jusqu'à la maison. Son pas était si rapide que je n'arrivais pas à suivre et que mes tibias se cognaient douloureusement contre les marches de pierre. Tout avait été mis sens dessus dessous: les étagères étaient renversées et les livres et CD se trouvaient éparpillés sur le sol. La botte de mon agresseur a écrasé un CD qui a fini en mille morceaux étincelants.

Alors qu'il me poussait vers la porte, j'ai aperçu la propriétaire blottie dans un coin, la frayeur dans les yeux. J'ai appris plus tard qu'ils s'étaient rués dans le logement en criant:

– Où est la chanteuse? Nous allons l'exécuter!

La femme avait courageusement répondu qu'elle ne connaissait pas de chanteuse, mais ils avaient mis l'appartement à sac et avaient trouvé deux exemplaires de mon CD ainsi qu'une copie du film que j'avais tourné avec Yonas.[1] Ils les avaient alors brandis sous son nez et avaient vociféré:

– On la descend, si on la trouve!

Ensuite, ils avaient inspecté toute la maison jusqu'à ce qu'ils trouvent la porte de la cave. Les deux jeunes hommes que j'avais vus dans la rue en arrivant avaient dû dire à la police où je me trouvais. Ou peut-être faisaient-ils eux aussi partie de la police secrète.

---

[1] Voir p. 31.

Un camion attendait et mon ravisseur, voyant mon vélo, a crié:

– Mettez-le dans le camion, tout de suite!

Les mains tremblantes, j'ai enfoncé la clé dans le cadenas et ôté l'antivol, puis j'ai réussi à faire rouler le vélo jusqu'au camion. Il était fermé sur les côtés par de hautes bâches, et j'ai compris que, pour arriver à hisser ma bicyclette sur la plate-forme, je devrais la soulever au-dessus de ma tête. J'ai eu beau essayer, je n'avais pas assez de force. C'était trop haut pour moi. Mes bras tremblaient, tant cela me demandait d'efforts, et j'ai donc dû laisser tomber le vélo. Derrière moi, j'ai entendu les autres hommes revenir de la maison, puis j'ai senti une douleur cuisante sur l'arrière de mes jambes: mon agresseur jouait à nouveau de son fouet.

– Dépêchez-vous! Vous nous faites perdre notre temps!

Les autres m'ont insultée, puis une nouvelle pluie de coups s'est abattue sur moi. Tout mon corps était touché. Cela ne m'a pas aidée à soulever la bicyclette. J'en étais tout simplement incapable. Finalement, l'homme qui m'avait traînée hors de la cave a perdu patience et l'a fait lui-même avant de me pousser brutalement à l'intérieur du camion.

Quelques instants plus tard, nous sommes arrivés au poste de police n°6, où l'on m'a fourrée dans une grande cellule. Lorsque, d'un pas chancelant, j'ai pénétré dans la pièce, la gardienne de service m'a arraché d'un geste brusque le *gabi*[2] que je portais sur les épaules.

– On va voir comment vous supportez le froid! a-t-elle dit en ricanant.

Entre-temps, il avait sonné 2 heures du matin, et la cellule était remplie de femmes. L'une d'elle, vêtue d'une robe élégante et portant des talons hauts, était affalée dans un coin contre

[2] Châle blanc traditionnel porté en Erythrée.

le mur. Elle se trouvait vraisemblablement dans un sommeil d'ivresse. A côté d'elle se tenaient deux jeunes filles aux habits crasseux et déchirés. Elles étaient pieds nus. J'ai supposé qu'il s'agissait d'enfants des rues. Puis, la détenue assise près de moi s'est présentée:

– Moi, c'est Zula, a-t-elle dit avec un sourire souligné par un rouge à lèvres particulièrement vif.

– Pourquoi êtes-vous ici? lui ai-je demandé.

– Prostitution, a-t-elle répondu en haussant les épaules, nullement gênée. Et vous?

Je lui ai expliqué ce qui s'était passé, mentionnant que j'étais chanteuse. Ravie, elle a frappé dans ses mains et a dit:

– Est-ce que vous chanterez pour nous?

Ensuite, elle m'a expliqué que les femmes de la cellule constituaient un mélange de prostituées, de voleuses et de jeunes filles qui vivaient dans la rue. J'ai chanté pour toutes.

De temps à autre, les gardiens venaient me chercher pour un interrogatoire. Lorsque je passais devant les autres cellules, certaines détenues me reconnaissaient, car lors de ma précédente arrestation, nous nous étions trouvées enfermées ensemble.

– La chanteuse est de retour! criaient-elles. N'oublie pas de chanter pour nous!

Environ une semaine après mon arrivée dans cette prison, tandis que je chantais à nouveau pour les détenues, deux gardiens – un homme et une femme – ont ouvert la cellule et m'ont ordonné de sortir. Une autre prisonnière, Almaz, s'est levée et m'a accompagnée.

– J'ai appelé Helen, a dit la gardienne en fronçant les sourcils.

– Oui, et je viens avec Helen, a répondu Almaz avec un air de défi.

Il était pourtant déjà tard dans la soirée, mais ils nous ont conduites dehors et nous ont obligées à nous agenouiller dans l'herbe humide et boueuse. Comme la gardienne m'avait pris mon châle, je portais juste le tee-shirt et le jean que j'avais lors de mon arrestation. Même si nous étions en mai et que la saison chaude avait déjà commencé, les nuits étaient encore froides, et en l'espace de quelques instants, je grelottais. Voyant cela, Almaz m'a aussitôt donné son pull-over. J'ai souvent fait l'expérience qu'en prison quelqu'un était là pour s'occuper de moi, et je suis convaincue que, par là, Dieu me montrait que je n'étais pas seule.

Puis, la gardienne s'est baissée, a empoigné mon nez de toutes ses forces et s'est mise à me traîner ainsi sur l'herbe en sifflant:

– Arrêtez de chanter!

Mes yeux ont commencé à se remplir de larmes tant la douleur était grande. Quand elle m'a enfin lâchée, avec l'autre gardien, ils ont commencé à m'interroger. Ils voulaient tout savoir sur ma famille, sur l'endroit où j'habitais, sur la profession que j'exerçais et sur ce que je croyais. Une fois que j'ai eu répondu à toutes leurs questions, ils nous ont laissées dehors dans le froid. Nous avons dû rester ainsi agenouillées dans l'herbe quatre heures durant, jusqu'à ce que, finalement, ils nous ramènent à la cellule.

Le lendemain matin, j'ai été convoquée chez «l'interrogateur officiel». Chaque prison d'Erythrée en a un, même si les gardiens et les directeurs d'établissement peuvent eux aussi mener des interrogatoires. Mais ce fonctionnaire-là est chargé de mener l'entretien de départ qui vise à obtenir le plus d'informations possible sur le détenu. Il se montre donc généralement courtois. Le mien était un homme, et il parlait très doucement. Il voulait tout savoir, du quartier dans lequel se trouvait mon institut de beauté jusqu'à mes projets d'avenir. Lorsqu'il m'a interrogée au sujet de mes convictions religieuses, je lui ai répondu que j'étais prête à mourir pour ma foi.

Ensuite, au lieu d'être reconduite dans ma cellule, j'ai été amenée dehors et on m'a fait monter dans un camion militaire avec d'autres prisonniers qui devaient être transférés. Quelqu'un a parlé d'«Adi Abeito» et cela m'a saisie d'effroi: c'était le nom d'une prison militaire bien connue, réservée normalement exclusivement aux soldats et au personnel de l'armée. Pourquoi voulaient-ils m'y enfermer, moi qui n'avais rien à voir avec l'armée?

Nous avons roulé à travers la ville dans ce camion manifestement privé de suspensions, puis nous sommes arrivés à la nouvelle prison qui se trouvait dans la banlieue. J'étais déterminée à ne pas laisser paraître ma peur et, intérieurement, je ne cessais de prier. Ils nous ont ordonné de nous mettre en ligne et d'ôter nos chaussures. Ensuite, ils nous ont forcés à pénétrer dans la prison pieds nus, cherchant visiblement à nous humilier dès le début. Le gravier sableux et coupant nous blessait les pieds. Une fois à l'intérieur, dans le hall «d'accueil», nous avons chacun dû passer un interrogatoire extrêmement poussé. Puis, enfin, les gardiens sont venus me chercher pour me conduire dans ma cellule, ou plutôt dans ce qui devait me servir de cellule...

Car ma surprise a été grande lorsque je me suis retrouvée dans l'enceinte principale: j'ai vu devant moi d'immenses baraquements de tôle ondulée ressemblant à des baraques militaires. Nous en avons traversé un, et j'ai compris alors que des centaines de prisonniers y étaient enfermés. Ils n'avaient plus que la peau sur les os et portaient des haillons. La souffrance était gravée sur leur visage.

La baraque où j'ai été conduite comportait deux salles, deux cellules d'isolement et une pièce réservée au gardien de service. Si les prisonniers étaient officiellement attachés à une salle en particulier, ils étaient généralement libres de se déplacer, car les portes n'étaient pas fermées à clé.

Dans une des pièces, j'ai parlé avec quelques détenus, et ils m'ont dit qu'ils avaient tenté de fuir en Italie, mais qu'ils avaient été repris à Malte, puis renvoyés en Erythrée. La plupart étaient très malades et pouvaient à peine marcher. Un homme, en particulier, avait des problèmes cardiaques et souffrait de diarrhées. A cause de cela, il était contraint à dormir dans le couloir presque chaque nuit.

Il était vraiment dur d'être enfermée dans cette prison avec tous ces gens si malades. La nuit, je ne parvenais pas à dormir, car j'entendais des personnes tousser et vomir, et il me semblait que je devais aller les voir et nettoyer ce qu'il y avait à nettoyer. L'homme dans le couloir, trop faible pour tenir debout seul, avait besoin d'aide pour aller aux toilettes. Pendant une partie du temps que j'ai passé dans cette prison, il était sous perfusion. Il n'y avait en tout et pour tout qu'un seul médecin pour l'ensemble des baraques, et il dormait presque toute la nuit. Ainsi, souvent, l'homme malade du couloir me suppliait de rester auprès de lui. Par conséquent, je devais me contenter de très peu de sommeil. Si je n'étais pas malmenée physiquement, tout ce que je vivais là était une torture pour moi.

Un autre détenu était épileptique. Les gardiens l'enfermaient souvent dans une des minuscules cellules d'isolement, mais comme le mur extérieur n'était pas terminé, s'il était pris d'une crise, il se cognait contre les pierres qui tombaient sur lui et le blessaient. Dans l'autre cellule d'isolement située à côté de la sienne, un homme criait de douleur toute la nuit:

– S'il vous plaît, je suis seul, personne ne veut-il m'aider?

C'était déchirant. Il y avait quelques chrétiens dans mon groupe, et nous priions ensemble pour ces détenus qui étaient si malades. Mais nous étions impuissants face à leur misère et, la nuit, nous ne pouvions trouver le sommeil à cause de leurs gémissements.

Lorsque nous avons signalé aux gardiens de la prison que l'homme épileptique continuait à se blesser, ils l'ont envoyé dans le couloir. Nous ne pouvions toujours pas dormir, mais au moins, je pouvais essayer de l'aider à ne pas se faire mal quand il avait une crise. Quand ils l'ont sorti de sa cellule d'isolement, il était couvert de bleus et saignait à plusieurs endroits. Nous l'avons lavé. Etant musulman, il ne comprenait pas pourquoi nous voulions lui venir en aide. Je lui ai parlé de ma foi et j'ai chanté pour lui. Puis, petit à petit, il est devenu plus curieux et a voulu en savoir davantage sur la foi chrétienne.

J'avais remarqué qu'il portait deux amulettes à la ceinture. Les montrant du doigt, je lui ai demandé:

– Où avez-vous trouvé ces amulettes?

– Avant d'être arrêté, j'ai vu un sorcier au sujet de mes crises et il a dit que ces grigris me feraient aller mieux et que je ne devais pas m'en séparer.

– Jemal, ai-je répondu, ces grigris ne peuvent pas vous guérir! Seule la prière à Dieu peut le faire.

Tandis que je parlais, il a eu une crise et j'ai prié pour lui. J'ai fait cela régulièrement jusqu'à ce que, par miracle, il accepte de se débarrasser de ses amulettes. Je les ai prises et les ai brûlées, mais ce qu'elles contenaient dégageait une odeur tellement infâme que les gardiens m'ont demandé ce que j'avais fait. Cela m'a donné l'occasion de leur expliquer que seule la prière à Dieu, et non les talismans des sorciers, pouvait guérir quelqu'un.

La santé de Jemal s'est améliorée, et ses crises sont devenues moins fréquentes. J'étais ravie, mais lui était inquiet.

– Helen, s'ils savent que je vais mieux, ils vont me garder... mais je voudrais qu'on me relâche.

– Si vous continuez à faire confiance à Dieu, personne ne pourra vous empêcher de rentrer chez vous; en tout cas, pas si Dieu veut que vous soyez libéré.

J'étais très heureuse lorsque, quelque temps après, il a effectivement été relâché.

Un jour, ils ont amené dans notre baraque un homme très bien habillé et l'ont enfermé dans une des cellules d'isolement. Il avait l'apparence d'un homme d'affaires ou d'un banquier, dans son costume bien coupé, et je me demandais qui il pouvait bien être. Tard, ce soir-là, je suis passée devant sa cellule et j'ai vu qu'il tremblait de froid. Ils ne lui avaient pas donné de couverture. Je suis allée directement à la guérite du gardien et lui ai demandé la permission de donner ma couverture à ce nouveau détenu. Puis, je la lui ai apportée et il était très reconnaissant.

– J'étais en vacances dans la région, m'a-t-il dit. Je travaille pour l'ambassade d'Arabie saoudite à Dubaï, et aujourd'hui, des hommes ont fait irruption dans ma chambre d'hôtel et m'ont conduit ici. Ils ne veulent pas me dire ce que je suis censé avoir fait...

J'étais désolée pour lui, car il était vraiment maltraité. J'ai donc essayé de lui rendre visite aussi souvent que possible. Il était menotté jour et nuit et souffrait affreusement des puces que chacun attrapait en prison, surtout qu'il ne pouvait pas se gratter lorsqu'il était piqué. Les gardiens lui apportaient des conserves, mais ils ne lui ôtaient pas les menottes pour qu'il puisse les ouvrir. Souvent, il ne pouvait donc pas manger, à moins que je ne parvienne à me faufiler dans sa cellule pour l'aider. Mais c'était chose très risquée pour moi, car en général, sa porte n'était déverrouillée que pour peu de temps. Comme son cas était tellement particulier, personne n'était censé savoir quoi que ce soit à son sujet. Même la nuit, alors que tout le monde dormait, les gardiens l'accompagnaient aux toilettes.

Les conditions de vie dans cette prison étaient abominables. L'endroit était infesté de rats et de puces, et les sanitaires étaient vraiment très sommaires. Il n'y avait pas de toilettes à proprement parler, mais simplement un espace ouvert, derrière la prison. Une nuit, alors que je souffrais de diarrhée, un gardien a dû m'y conduire. Il était passé minuit et les nuages cachaient la lune. Alors que nous marchions, j'ai aperçu trois formes sur le sol. Au premier coup d'œil, j'ai pensé que c'étaient des sacs de pommes de terre, ou bien des moutons. Mais quand nous sommes passés tout près, j'ai vu que, en réalité, il s'agissait de personnes. Ces gens se trouvaient dans une position très étrange: leurs poignets avaient été menottés derrière eux, puis attachés à leurs chevilles. J'ai cru qu'ils étaient morts, jusqu'à ce que j'entende un gémissement.

– Qu'ont-ils fait? ai-je laissé échapper, scandalisée. Doivent-ils rester ainsi toute la nuit?

Le gardien a simplement montré du doigt le terrain en friche qui servait de toilettes et a refusé de répondre à mes questions. Plus tard, j'en ai parlé à d'autres détenus, et ils m'ont dit qu'il s'agissait d'une forme de torture couramment utilisée, appelée «la position de l'hélicoptère».

Trois semaines après mon arrivée dans cette prison militaire, les gardiens sont venus me dire de rassembler mes affaires: j'allais être transférée ailleurs. Je me suis retrouvée avec un petit groupe de chrétiens et on nous a tous fait monter dans un camion.

– Où est-ce qu'ils nous emmènent? ai-je demandé à la femme à côté de moi.

– J'ai entendu un gardien parler de Mai Serwa... a-t-elle répondu, la voix tremblante.

Ce nom désignait une prison et un camp militaire tristement célèbres. L'endroit était réservé aux prisonniers dangereux, aux graves criminels et aux personnes condamnées à une réclusion prolongée...

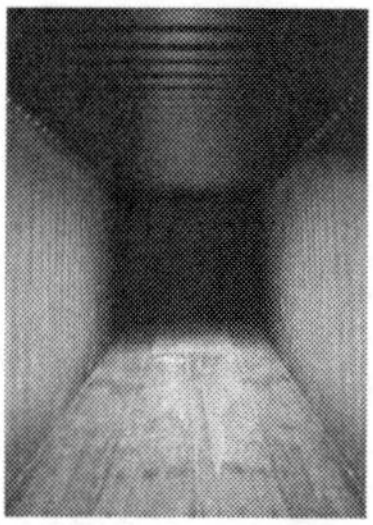

- 5 -

Mai Serwa

La prison de Mai Serwa était située à l'extérieur de la ville, dans un endroit désert. Il n'y avait pas de barrières autour du complexe, mais l'environnement était tellement inhospitalier que rares étaient les détenus qui tentaient de s'évader. Alors que nous roulions sur un chemin cahoteux, en regardant derrière les autres prisonniers, j'ai aperçu à quoi ressemblait mon futur lieu de détention. A première vue, il n'y avait pas beaucoup de bâtiments: quelques huttes construites en briques d'argile, probablement des baraques militaires, et un baraquement plus grand, en briques d'argile lui aussi, qui était le bureau principal de la prison. La plupart des constructions, en Erythrée, sont réalisées en pierre, et ce que je voyais là m'apparaissait donc très primitif.

Nous avons été poussés hors du camion sans ménagement, puis on nous a remis aux autorités compétentes. Alors que nous étions rassemblés dans le bâtiment principal, les gardiens de Mai Serwa ont entrepris une fouille corporelle complète. C'était humiliant, mais j'étais déterminée à ne pas flancher. Ils voulaient voir si nous avions des armes, de l'argent ou bien des Bibles. Cependant, puisque nous venions d'une autre prison, nous n'avions rien de tel sur nous.

Ensuite, ils nous ont ordonné de nous mettre en rang et nous ont conduits dans la cour principale. Tout, à cet endroit, n'était que sécheresse et poussière; pas un seul arbre ni un seul buisson à l'horizon. Je pensais que les huttes devaient être des toilettes ou des douches, mais je ne voyais pas de cellules.

Nous avons traversé le camp, puis sommes descendus un peu plus bas, à un endroit où se trouvaient de nombreux conteneurs maritimes en métal, comme ceux qu'on utilise pour transporter des marchandises par bateau. *Ils doivent servir à stocker du matériel*, me suis-je dit, *mais où sont donc les cellules*? Toutefois, comme le site était vaste, j'ai supposé que nous allions finir par arriver à nos cellules.

Tous debout, en rang, nous attendions l'ordre suivant, quand tout à coup, j'ai surpris un mouvement dans le conteneur près duquel nous nous trouvions: à travers une petite ouverture située sur un côté, à hauteur d'homme, je pouvais distinguer des personnes qui nous observaient. Même si je ne voyais qu'une partie de leur visage, j'avais l'impression qu'il s'agissait d'un homme et de deux jeunes garçons. A cet instant, j'ai compris l'horreur de la situation et un sentiment d'effroi m'a parcourue: ces conteneurs étaient les cellules.

Instantanément, un article que j'avais lu peu de temps auparavant dans un journal m'est revenu en tête: des fermiers avaient trouvé un conteneur de ce type et, pensant qu'il ferait un bon abri pour leurs moutons, ils les avaient parqués à l'intérieur pour la nuit, mais la température était descendue si bas qu'au matin, toutes les bêtes étaient mortes de froid.

Un gardien nous a donné l'ordre d'avancer, tandis qu'un autre ouvrait d'un mouvement brusque les doubles portes rouillées d'un des conteneurs. Je me suis forcée à respirer profondément, puis à profiter de la chaleur du soleil sur mon visage et de la sensation agréable d'avoir de l'espace autour de moi. Je ne savais pas, en effet, quand je pourrais à nouveau jouir de ces choses. Puis, alors que je suivais les autres femmes dans le conteneur, soudain, la lumière du jour a fait place à la pénombre. Nous nous sommes retournées à temps pour voir le gardien, un sourire aux lèvres, repousser les portes. Elles ont claqué dans un bruit métallique, ne laissant plus passer qu'un petit filet de lumière à l'endroit de la jointure. Le gardien s'est ensuite appuyé contre elles et les a reverrouillées dans un grincement qui m'a fait mal aux oreilles. On a alors entendu le petit bruit sec du joint en caoutchouc: nous étions hermétiquement enfermées. C'était comme si les parois du conteneur avaient été pressées vers l'intérieur pour en faire échapper l'air.

La seule véritable lumière qui filtrait péniblement à travers l'obscurité provenait d'une ouverture pas plus grande qu'un livre, taillée grossièrement dans un côté du conteneur, tout au fond. Saisie d'une peur panique, ma voisine la plus proche s'est agrippée à moi. Le conteneur ne faisait pas plus de six mètres de long, et nous étions donc très serrées. Nous étions 18, ce qui était un maximum si chacune voulait pouvoir s'allonger. Bien que je ne sois pas claustrophobe, il ne m'était pas facile de rester calme dans un espace aussi réduit, confinée avec 17 autres personnes, toutes saisies par la peur.

Puis, j'ai senti ma jambe me démanger et, alors que je me baissais pour me gratter, j'ai constaté que toutes les femmes autour de moi faisaient de même: le conteneur était infesté de puces et de poux, et comme il était resté vide un certain temps, ces parasites étaient sûrement affamés.

Je ne savais ce qui était pire entre les puces et les poux: les premières sautent et sont beaucoup trop rapides pour qu'on puisse les attraper; les seconds se déplacent beaucoup plus lentement, mais pour les attraper, il faut arriver à les trouver. Ils se cachent souvent dans les plis des vêtements, et comme ils n'ont pas vraiment de couleur, on ne peut même pas les voir dans un endroit bien éclairé. En quelques minutes, nous nous grattions toutes à qui mieux mieux, ce qui n'arrangeait pas les choses, car cela nous provoquait des écorchures. Très vite, j'ai eu l'impression d'avoir tout le corps en feu.

Les heures passant, le conteneur a commencé à chauffer, jusqu'à ce que la température devienne presque impossible à supporter. Plusieurs des femmes qui m'entouraient ont commencé à se plaindre de maux de tête. Il y avait aussi parmi nous deux adolescentes, et c'étaient elles qui souffraient le plus de la chaleur et du manque d'air. La plupart d'entre nous n'avons pas tardé à ôter une partie de nos habits pour avoir un peu moins chaud.

Le conteneur n'était manifestement pas neuf: il était maculé de taches de rouille et, dans un coin, de l'eau stagnait. Et lorsqu'une des femmes a demandé à un gardien si nous pouvions aller aux toilettes, celui-ci, un sourire narquois aux lèvres, nous a simplement apporté un grand seau.

Toutes mes codétenues étaient abattues et beaucoup étaient en colère. Elles voulaient avoir mon avis quant à ce qu'il convenait de faire. Elles s'attendaient, je le savais, à ce que je leur dise qu'il fallait crier ou tambouriner sur les parois du conteneur pour faire comprendre aux gardiens que nous n'accepterions pas un tel traitement. Mais j'ai alors repensé à un passage du livre *L'Eglise du silence torturée pour le Christ*, de Richard Wurmbrand, où il est écrit que les chrétiens, comme les rossignols, ne peuvent s'empêcher de chanter, même en captivité. J'ai alors suggéré que nous chantions.

– Nous devrions louer Dieu malgré les puces, malgré les poux et malgré la chaleur. Nous devrions le remercier malgré nos circonstances.

J'ai donc commencé à chanter avec ces femmes, puis à prier et à évoquer avec elles la Parole de Dieu, de mémoire.

Quand la nuit est tombée, la température a très rapidement chuté. Il y avait, à l'intérieur de notre conteneur, tout juste assez de place pour que chacune puisse dormir. Nous étions toutes allongées côte à côte, et comme le sol était constitué de cadres en métal et de lattes en bois, il n'était pas plat. En outre, il était un peu en pente, et toutes les gouttes de condensation provenant du plafond tombaient dans un coin pour former une flaque d'eau noire et rouillée. Nous avions placé le seau qui servait à faire nos besoins juste à côté, mais très rapidement, l'odeur est devenue si infecte que nous avons décidé de changer de place de temps à autre pour qu'aucune de nous ne passe toute la nuit à cet endroit. La meilleure place pour dormir se trouvait au milieu; nous l'avons donc réservée aux adolescentes et à certaines des femmes plus âgées. Cette première nuit, à cause du froid, j'ai très peu dormi. Et lorsque j'ai eu besoin du seau, j'ai dû passer à quatre pattes par-dessus les corps endormis, car il faisait trop sombre pour voir où je mettais les pieds.

A 5 heures du matin, enfin, les portes ont été ouvertes et les gardiens nous ont ordonné de sortir. J'étais si reconnaissante pour la lumière grise de l'aube et l'air frais! Ils nous ont fait porter le seau puant et nous ont conduites jusqu'à un espace ouvert, qui se trouvait presque à un kilomètre de notre conteneur et où nous ne disposions d'aucune intimité. Ils nous ont expliqué qu'il s'agissait de nos toilettes et que nous pouvions les utiliser tous les jours à cette heure-là. Le seau était pour la nuit, et chaque matin, nous devions l'emporter avec nous et le vider.

Alors que, toutes en ligne, nous retournions à notre «cellule», j'ai vu d'autres détenus, uniquement des hommes, sortir du conteneur situé à côté du nôtre, sous la surveillance d'un gardien. Puis, parcourant du regard les environs, j'ai compté plus de 20 conteneurs. Faisant un rapide calcul, je me suis dit que, si chacun comportait 18 occupants, nous étions probablement plusieurs centaines dans le camp. Nous étions un mélange d'hommes et de femmes, la plupart âgés de 20 à 30 ans. J'étais consternée de voir autant de jeunes gaspiller leurs belles années, enfermés dans un conteneur. Comment cela pouvait-il aider notre pays à grandir et à prospérer?

Un des gardiens m'a surprise dans mes réflexions et m'a frappée sur l'arrière de mes jambes avec sa matraque.

– Ne vous inquiétez pas des autres prisonniers, a-t-il dit, vous avez bien assez à penser, avec votre propre situation!

Sur ce, il a refermé bruyamment les portes derrière nous et les a verrouillées. Après son départ, beaucoup de mes codétenues, énervées, ont exprimé leur colère et ont commencé à se plaindre. Plusieurs pleuraient. Désirant les encourager et trouver un moyen de rendre notre situation plus supportable, je les ai invitées à s'asseoir en cercle sur le sol, puis j'ai commencé à leur parler.

– Souvenez-vous que les murailles de Jéricho sont tombées grâce aux louanges.[1] Si nous continuons à nous plaindre, nous ne pourrons pas avoir la victoire. Il faut au contraire que nous continuions à prier, à louer Dieu et à chanter. Satan veut utiliser le découragement comme une arme contre nous, donc nous devons continuer à louer Dieu en toute circonstance.

M'interrompant un instant, j'ai pu voir quelques femmes acquiescer, puis j'ai continué:

– Quand le peuple d'Israël est arrivé près de la terre promise, des espions ont été envoyés en reconnaissance. Lorsqu'ils sont revenus, presque tous ont dit que les habitants du pays étaient si grands qu'eux, les Israélites, n'avaient aucune chance de les vaincre, et le peuple a pleuré toute la nuit.[2] Mais les pleurs et les plaintes ne nous aident pas à résoudre nos problèmes. Soyons comme Caleb et Josué! Plus nous avons d'ennemis, plus notre victoire sera grande! Pensez aussi à la femme qui souffrait

---

[1] Voir Josué 5.13–6.27.

[2] Voir Nombres 13.1–14.1.

d'une perte de sang et qui croyait qu'en touchant le bord du vêtement de Jésus, elle serait guérie. Dans la foule, c'était elle qui avait la foi et qui a été récompensée.[3] Ne nous disputons pas entre nous. Tournons-nous simplement vers Jésus et ayons foi en lui.

Cela nous a aidées à accepter plus facilement la situation et, à partir de ce moment-là, nous avons pris l'habitude de parler de la Bible, de prier et de chanter chaque jour ensemble. Les gardiens s'en sont aperçus et ils ont commencé à nous espionner pour savoir de quoi nous parlions.

Un matin, alors que nous chantions, nous avons entendu les verrous, puis les portes, s'ouvrir avec violence, et trois gardiens en colère sont apparus.

– Qui est-ce qui chantait?

Quelques femmes, par peur, ont nié les faits, et les hommes les ont laissées dans le conteneur. Mais celles qui ont reconnu avoir chanté – j'en faisais partie – ont été tirées dehors. Les gardiens nous ont ordonné d'ôter nos chaussures et nous ont fait courir dans tous les sens sur le sol sablonneux et recouvert de petits cailloux tranchants, ce qui nous blessait les pieds. Puis, ils nous ont obligées à nous accroupir et à sauter dans cette position comme des grenouilles. Les enfants jouent souvent à cela, en Erythrée, mais ce n'est pas facile du tout, surtout pieds nus et sur des graviers! Plusieurs des femmes y arrivaient très bien, mais je n'avais pour ma part jamais joué à ce jeu étant enfant, et je ne parvenais pas à garder l'équilibre.

– Sautez! me criait un des gardiens.

Mais comme je ne faisais que tomber, il s'est fâché encore davantage et m'a frappée avec son bâton. Puis, il a dit:

---

[3] Voir Matthieu 9.20-22.

– Puisque vous ne pouvez pas rester debout, vous allez vous coucher!

Sur ce, il m'a forcée à m'allonger sur le côté et à me laisser rouler sur les graviers.

Après nous avoir ainsi torturées, ils nous ont demandé à chacune de promettre que nous ne chanterions plus. Ils considéraient notre refus d'abandonner notre foi comme un acte déloyal vis-à-vis du gouvernement, puisque celui-ci l'avait déclarée illégale.

– Je suis chanteuse, ai-je répondu. Je ne peux donc pas arrêter de chanter… Je vais chanter doucement, pour ne pas déranger les occupants des autres conteneurs, mais je n'arrêterai pas.

Environ la moitié des femmes a refusé.

A midi, ils nous ont laissées rejoindre notre conteneur pour une heure. Ensuite, ils nous ont rappelées dehors et ont frappé l'une de nous sur le dos avec une matraque de policier pour nous effrayer et nous contraindre à obéir. Cette femme a été gravement blessée. Petit à petit, plusieurs de mes codétenues, saisies par la peur ou épuisées par la torture, ont accepté d'arrêter de chanter. Elles ont alors pu retourner au conteneur. A la fin, nous n'étions plus que trois dehors.

Les gardiens nous ont ordonné de nous agenouiller sur les graviers et nous ont apporté trois pierres d'un poids différent. Chacune devait tenir une pierre au-dessus de sa tête, et nous devions faire des échanges pour alterner entre la pierre la plus lourde et la plus légère. L'une d'entre nous, qui était malade, vomissait à chaque fois qu'elle essayait de soulever sa pierre. Voyant cela, je la lui ai prise, puis j'ai demandé à un gardien de lui donner à boire. Mais il s'est contenté de se moquer d'elle:

– Etes-vous malade parce que vous êtes enceinte?

C'était un exercice totalement gratuit, qui ne servait qu'à nous faire du mal et nous avilir. Nous avons dû rester ainsi jusque tard dans la nuit, puis ils nous ont autorisées à regagner notre conteneur. Une fois qu'ils avaient refermé la porte, nous avons aussitôt recommencé à chanter. Ils nous ont laissées tranquilles pendant la nuit, puis, à 10 heures le lendemain matin, ils ont appelé à nouveau cinq femmes dehors, dont une des jeunes filles et moi-même. Ils nous ont obligées à nous allonger sur le ventre et nous ont attaché les mains derrière le dos en serrant très fort. Cela nous a coupé la circulation et nos mains sont rapidement devenues bleues. La tête me tournait et je croyais que j'allais m'évanouir. Puis, ils nous ont détachées et nous ont demandé si nous étions d'accord d'arrêter de chanter. Nous avons refusé, et ils nous ont rattachées. Cela a duré ainsi toute la journée.

Une fois la nuit tombée, ils nous ont laissées attachées dehors, chacune à un endroit différent pour que nous ne puissions pas nous réconforter mutuellement. Nous sommes restées ainsi jusqu'à 2 heures du matin, après quoi ils nous ont finalement laissées rentrer. Les trois gardiens se moquaient sans cesse de nous. Nous avions du mal à comprendre comment ils pouvaient nous faire souffrir à ce point-là.

– N'ont-ils pas eux-mêmes une femme ou une mère? a dit une des détenues qui se trouvaient avec moi. Je n'arrive pas à comprendre comment ils peuvent traiter des femmes de cette façon...

Heureusement, lorsque nous priions ensemble, nous pouvions oublier nos difficultés un moment et puiser de nouvelles forces dans notre foi.

Cela faisait peut-être un mois que j'étais incarcérée, quand, un après-midi, j'ai eu envie d'écouter la radio. J'étais curieuse de savoir ce qui se passait à l'extérieur. Je savais que les occupants du conteneur situé en face du nôtre possédaient une petite radio, et j'ai donc regardé à travers notre minuscule fenêtre pour essayer d'attirer leur attention. Malheureusement, un des gardiens m'a vue. Il m'a fait sortir, m'a attachée et m'a battue. Puis, il m'a forcée à m'asseoir par terre, les mains toujours liées dans le dos, et m'a laissée ainsi jusque tard dans la soirée. A un moment donné, il a commencé à pleuvoir, et je me suis rapidement retrouvée trempée et tremblante de froid. Quand il m'a finalement laissée regagner le conteneur, j'avais les mains gonflées et je pouvais à peine parler. Les filles m'ont massée pour que ma circulation redevienne normale et, une fois que je dormais, elles ont veillé à ce que j'aie suffisamment chaud.

Je me sentais encore mal, le lendemain matin, lorsque nous sommes allées aux toilettes. Pourtant, quand nous sommes revenues, le gardien m'a à nouveau attachée et m'a laissée dehors, vautrée sur le sol. Ses collègues se criaient l'un à l'autre, depuis leur poste de garde:

– Qu'est-ce qui lui arrive? Elle était déjà là hier!

– Elle ressemble à Jésus-Christ sur la croix, a plaisanté l'un d'eux.

Plus tard, ce jour-là, le gardien m'a conduite dans un baraquement pour un interrogatoire. J'ai répondu à toutes les questions de l'homme qui m'interrogeait, mais cela ne semblait pas le satisfaire. Il m'a alors fait glisser une feuille sur le bureau qui nous séparait.

– Pourquoi est-ce que cela vous est si difficile, Helen? Tout ce que je veux c'est que vous arrêtiez de chanter. Vous ne devriez pas suivre cette nouvelle foi; vous devriez revenir à la religion de votre père.

– Mais je suis la foi de mon père, ai-je répliqué. Mes parents croient à ce que dit la Bible, et moi aussi. Je ne suis pas une nouvelle religion. Je lis la même Bible que celle que mes grands-pères lisaient en guèze[4]. Tout ce qui a changé, c'est que, maintenant, on peut la lire dans la langue du peuple.

– Lisez cela, Helen, a-t-il dit en tapotant sur la feuille avec un stylo.

C'était un document stipulant que j'arrêtais de croire en Dieu et que je cessais de prêcher, de répandre l'Evangile et de chanter. Au bas de la feuille, il y avait un emplacement pour ma signature.

– Je ne signerai pas, ai-je répondu en le regardant droit dans les yeux.

Je savais qu'en refusant, je me condamnais moi-même à une longue peine de prison, peut-être jusqu'à ce que mort s'ensuive, mais je ne pouvais pas renier mon Dieu.

– Tout ce que vous avez à faire, a-t-il insisté, c'est d'arrêter d'être chrétienne, et nous vous laisserons partir. Dites simplement *le* mot, et nous vous croirons.

Mais j'ai refusé et il m'a renvoyée au conteneur chercher mes affaires. Il pensait certainement que j'avais une mauvaise influence sur mes codétenues et qu'il me serait beaucoup plus dur de résister si j'étais placée dans des conditions de détention plus sévères encore.

C'est ainsi que j'ai été emmenée dans un conteneur occupé par deux personnes seulement: une femme qui avait été prise en essayant de passer clandestinement la frontière vers le Soudan, et une autre qui était malade mentale. Cela allait être la période la plus dure de mon temps en prison...

---

[4] Langue éthiopienne, parlée autrefois dans le royaume d'Aksoum, qui est encore aujourd'hui la langue liturgique de l'Eglise orthodoxe d'Ethiopie.

- 6 -

«Melmesi»

J'ai passé 10 mois dans ce conteneur avec la femme folle. Comme je l'ai appris plus tard, elle avait vécu aux Etats-Unis, mais lorsqu'elle était tombée malade, ses amis l'avaient renvoyée chez elle, en Erythrée, pensant qu'elle irait mieux si elle était soignée par sa famille. Elle avait pour beau-frère un général de haut rang dans l'armée érythréenne, et elle avait habité chez lui et sa famille jusqu'à ce qu'elle tente un jour de le tuer avec son propre revolver. Etant donné le grade de cet homme dans l'armée, elle avait été incarcérée, même si, en réalité, elle avait plutôt besoin de soins psychiatriques. Tout le temps où je l'ai côtoyée en prison, je n'ai jamais vu quiconque lui donner des médicaments. Et même si elle était encore jeune, elle avait déjà les cheveux tout gris à cause du stress que représentait pour elle cette situation.

Même si j'éprouvais de la compassion à son égard, il était très éprouvant de vivre avec elle au quotidien. Elle parlait et criait sans s'arrêter, souvent jour et nuit, car elle dormait peu. Elle jurait et insultait les gardiens à travers la petite fenêtre et, souvent, elle se jetait contre les parois du conteneur pour le faire tanguer. Ou elle essayait de boucher notre unique source d'air avec sa couverture. Au début, elle était encore assez calme, cependant, petit à petit, les gardiens ont commencé à mettre toutes les chrétiennes qui refusaient d'abandonner leur foi dans le même conteneur qu'elle, et cela l'a beaucoup perturbée. Finalement, nous étions 19, alors que, encore une fois, seules 18 personnes avaient la place de s'allonger.

La plupart du temps, il nous était impossible de dormir. Après la fameuse nuit où cette femme folle a essayé de m'étrangler, il fallait toujours que l'une d'entre nous reste éveillée pour la surveiller, car souvent, lorsque la bougie s'était éteinte et qu'il faisait trop noir pour la voir arriver et la repousser, elle s'attaquait à d'autres détenues. Deux filles, qui étaient élèves de l'école militaire d'Erythrée et qui avaient été prises en train de prier, nous avaient rejointes, et peu de temps après leur arrivée, elles m'ont demandé si nous étions dans une prison ou dans un asile psychiatrique.

Un matin, nous nous sommes toutes levées pour prier, puis j'ai fait une étude biblique, mais un gardien m'a entendue. Il m'a alors obligée à rester dehors, menottes aux mains, pendant la plus chaude partie de la journée. Puis, à 16 heures, un des deux chefs de la prison est passé.

– Ah, Helen! Je vois que vous avez à nouveau des ennuis. Qu'avez-vous fait cette fois?

Je lui ai expliqué que, comme nous avions toutes été empêchées de dormir à cause de la femme folle, au matin, nous avions prié ensemble pour nous encourager, car nous trouvions la situation difficile à supporter.

– Vous êtes gâtée, Helen! m'a-t-il dit en me regardant d'un air désapprobateur. Croyez-vous que vous êtes en vacances?

– Comment pourrais-je être gâtée? Regardez la vie que je mène, la nourriture que je mange et la manière dont je suis battue…

Il a ensuite commencé à me poser des questions au sujet de la femme folle.

– Pensez-vous qu'elle soit vraiment malade? Elle pourrait prétendre l'être simplement pour qu'on la relâche…

J'étais horrifiée qu'il puisse même demander une chose pareille.

– Cette dame est à l'évidence très malade. Parfois, elle ne mange pas pendant trois jours, et elle ne dort pas. Même un excellent acteur ne pourrait pas en faire autant pendant si longtemps.

Il a simplement haussé les épaules, puis m'a laissée rentrer dans le conteneur.

Je suis devenue très maigre, durant les mois que j'ai passés enfermée avec la femme folle. Je n'avais pas assez de sommeil, et mon corps en subissait les conséquences. Les gardiens, voyant dans quel état j'étais, se moquaient de moi.

Un jour, ma sœur, qui travaillait au Ministère de la Défense, a demandé au général la permission de me voir. Elle a amené avec elle ma fille Eva pour une courte visite, et j'ai été ravie de les voir. C'était la première fois depuis mon arrestation. Mais lorsqu'elles ont vu à quel point j'avais l'air malade, elles ont toutes deux fondu en larmes.

– Est-ce que ma maman va mourir? sanglotait Eva.

Malheureusement, je n'ai pas pu vraiment la rassurer, car tant de personnes mouraient dans les prisons d'Erythrée.

Vers la fin de cette première année de détention, le directeur général de toutes les prisons d'Erythrée est venu faire un discours aux prisonniers. Il a inspecté les conteneurs et a passé la tête dans le nôtre. Comme il savait que j'étais chrétienne, il a reniflé dédaigneusement et m'a traitée de «melmesi». C'est une appellation qu'utilisent les hommes politiques érythréens pour désigner les croyants. La traduction la plus proche est quelque chose comme «canard boiteux». Cette expression laisse penser que nous sommes des bons à rien, un poids et une plaie pour la société. Cela m'a fâchée, et j'ai demandé à lui parler. Bien que les gardiens m'aient ordonné de me taire, ils ont tout de même fini par me conduire dans le bureau du chef de la prison, et c'est ainsi que je me suis retrouvée assise, sous surveillance, en face de cet homme.

– Pourquoi avez-vous dit que les chrétiens étaient des bons à rien? lui ai-je demandé. J'avais ma propre entreprise et j'y employais même des gens, donc j'aidais la société et je n'étais pas une charge pour elle... Et puisque nous sommes si inutiles, pourquoi formez-vous des chrétiens dans les camps militaires?

Semblant avoir du mal à croire qu'une détenue ose lui parler ainsi, il a répondu d'un ton sec:

– Nous n'avons pas de personnes comme vous dans notre armée!

– Donc comment cela se fait-il que je connaisse beaucoup de chrétiens qui ont été blessés ou tués à la guerre? Dire que cela n'est pas vrai revient à insulter ceux qui ont donné leur vie pour le pays. Je sais aussi que, dans l'armée, lorsque vous avez besoin d'un trésorier, vous allez chercher un chrétien, parce que vous savez qu'il sera digne de confiance. Mais si nous sommes des «canards boiteux», pourquoi nous donnez-vous des responsabilités?

Sans faire de pause pour écouter sa réponse, j'ai poursuivi:

– Si nous sommes libres de croire en quelque chose ou de ne pas croire, pourquoi me persécute-t-on parce que j'ai usé de mon droit de choisir? Que préférez-vous? Que les jeunes gens boivent et se battent ou qu'ils vivent d'une manière morale et travaillent pour le pays? Car c'est ainsi que vivent les croyants.

A ces mots, il s'est mis en colère et m'a craché des insultes au visage. Puis, il a allumé une cigarette et m'a jetée hors de son bureau. Je savais que je prenais un risque en le défiant ainsi, mais je voulais défendre ma foi.

Bien des choses étaient risquées en prison. Par exemple, si nous disions ce que nous pensions ou si nous posions des questions, les gardiens n'appréciaient pas du tout. Il était aussi particulièrement dangereux de regarder à l'extérieur du conteneur. En général, ceux qui nous surveillaient se fâchaient lorsqu'ils voyaient que nous nous intéressions à la vie au-dehors. Pourtant, j'étais souvent curieuse de savoir ce qui se passait au-delà de nos parois de métal.

Une fois, un des gardes m'a surprise en train de jeter un œil par la petite ouverture. Il m'a alors traînée dehors, puis il m'a giflée et m'a donné des coups de pied à plusieurs reprises. Un des infirmiers, qui était en train de distribuer des médicaments, a été si choqué en voyant cela qu'il a demandé au gardien d'arrêter, lui faisant remarquer que j'avais juste regardé dehors. Le gardien était tellement furieux que l'infirmier ait osé remettre en question son autorité qu'il m'a traînée jusqu'au quartier des surveillants et m'a rouée de coups de poing sur tout le corps, sans aucune pitié. Je n'ai rien dit; j'ai simplement soutenu son regard alors qu'il me maltraitait de la sorte. Ensuite, il m'a menottée et m'a laissée là jusqu'à ce que, tard dans la soirée, un des chefs de la prison passe et me demande la raison de ma punition.

– Je ne peux pas vous dire quel est le problème, ai-je répliqué. Pourquoi ne demandez-vous pas à l'homme qui m'a battue pourquoi il l'a fait?

Le chef de la prison a fait appeler le gardien et, ensuite, ce dernier est venu me parler.

– Pourquoi ne lui avez-vous pas dit ce qui s'est passé? a-t-il demandé.

– C'est à vous de lui expliquer ce que vous avez fait et pourquoi vous l'avez fait, ai-je répondu. Je ne vais pas raconter des histoires à votre sujet. Tout ce que je demande, c'est que si vous me battez à nouveau, vous le fassiez avec un bâton, comme cela se doit. Car je suis une femme et vous n'auriez pas dû me frapper comme vous l'avez fait, à mains nues.

Sur ce, il m'a laissée partir. Cependant, il m'avait tellement battue que je n'ai pas eu mes règles pendant quatre mois. Mes codétenues m'ont poussée à en parler à l'un des infirmiers, mais cela ne servait à rien. J'attendais que le Seigneur me conduise à parler, et tant qu'il ne le ferait pas, je ne voulais rien dire. En prison, tout le personnel est du même côté. Si j'avais raconté à un infirmier ce que le gardien m'avait fait, il m'aurait dit que je n'avais qu'à renier ma foi pour être relâchée. Il aurait soigné mes blessures, mais il m'aurait fait comprendre que je ne récoltais que ce que je méritais, car en restant attachée à ma foi, j'avais choisi d'être emprisonnée.

Dans cette prison, ils faisaient de leur mieux pour nous priver de notre dignité et nous traiter comme des sous-hommes. Il leur arrivait de tant saler la nourriture qu'elle était immangeable. Et si quelqu'un se plaignait, ils haussaient les épaules en disant que nous n'avions qu'à boire plus d'eau. Généralement, ce qu'on nous donnait était insipide. Pendant longtemps, nous avons eu de la soupe de lentilles ou, plutôt, de l'eau chaude avec quelques lentilles dispersées à la surface. Mais souvent, nous n'avions que du pain et du thé, et donc nos dents étaient en mauvais état, car nous étions sous-alimentées. Lorsque l'une d'entre nous avait la diarrhée (ce qui arrivait régulièrement) et demandait à pouvoir aller aux toilettes dans le champ, la plupart du temps, les gardiens refusaient et obligeaient cette personne à utiliser le seau.

Un jour, j'ai mis mes tennis pour aller faire mes besoins à l'extérieur, et tous les gardiens ont cru que je voulais m'enfuir. Ils m'ont donc observée à travers leurs jumelles, et je me suis sentie gênée quand l'un d'eux me l'a dit à mon retour. Un autre matin, j'ai mis un peu plus de temps que d'habitude et, lorsque je suis rentrée, un des surveillants m'a arrêtée et m'a questionnée:

– Pourquoi êtes-vous en retard? Il n'y a rien à regarder là-bas, et il n'y a pas de fleurs à ramasser!

Il avait raison: l'espace ouvert servant de w.-c. était un terrain d'argile parsemé de pierres et rempli d'excréments humains. Toutefois, même les chefs de la prison devaient s'y rendre, car il n'y avait rien d'autre.

Un jour, une rumeur a circulé: j'avais de l'argent et que j'allais le distribuer. Les gardiens m'ont donc à nouveau surveillée de près. Ils ont cherché partout, même dans le sac en plastique servant pour les ordures. Puis, ils se sont mis à m'observer à chaque fois que je quittais le conteneur pour aller chercher de l'eau ou pour aller aux toilettes, et j'ai donc commencé à ne sortir faire mes besoins qu'une fois par jour au lieu de deux. Je suis devenue pâle; mes yeux, en particulier, ont perdu de leur éclat. En effet, je n'étais pas suffisamment exposée à la lumière du soleil. L'infirmier m'a alors dit d'aller plus souvent dehors et de faire de l'exercice. C'est ainsi que j'ai commencé à faire une heure de gymnastique chaque jour dans le conteneur. Les gardiens n'appréciaient pas cette initiative, car quand je courais sur place, cela faisait beaucoup de bruit et, souvent, les autres prisonnières se joignaient à moi.

Petit à petit, les personnes ont été déplacées, et finalement, nous n'étions plus que huit dans mon conteneur. La femme folle avait elle aussi été mise ailleurs, et nous dormions donc beaucoup mieux. C'était la période du nouvel an européen.[1]

A ce moment-là, beaucoup de nouveaux prisonniers sont arrivés: suffisamment pour remplir cinq conteneurs de femmes et deux d'hommes. Les gardiens nous ont averties que, lorsque nous allions aux toilettes, nous ne devions pas regarder ces nouveaux détenus.

---

[1] Nous avons deux fêtes de nouvel an en Erythrée.

Puis, ils ont interrogé encore une fois chaque prisonnier, terminant par mon conteneur. J'étais la seule chrétienne enfermée là, et ils m'ont posé tellement de questions que c'était comme si je venais aussi d'arriver. C'était toujours difficile, pour moi, quand il y avait de nouveaux arrivants, parce que les gardiens me punissaient pour l'exemple. Ils me torturaient en présence de ces nouveaux détenus pour les effrayer et pour qu'ils se comportent bien. Mais cette fois, après l'interrogatoire, ils m'ont déplacée dans un autre conteneur où se trouvaient déjà 18 chrétiennes qui avaient refusé d'abandonner leur foi.

Nous étions vraiment les unes sur les autres, mais j'étais heureuse d'être à nouveau avec des croyantes. Puisque c'était moi qui étais enfermée depuis le plus longtemps, j'ai pris les choses en main. Je désirais les aider autant que possible, car je savais qu'elles seraient réconfortées de savoir que quelqu'un tenait à elles. Ainsi, le matin, lorsqu'elles allaient aux toilettes, je pliais les couvertures des femmes les plus âgées et restais pour nettoyer le conteneur. Comme la plupart d'entre elles se faisaient du souci pour leur mari et leurs enfants, j'ai essayé de les occuper et d'instaurer une routine: je commençais par préparer le petit-déjeuner[2], puis je faisais une méditation biblique et je chantais. Un mois après mon arrivée dans la prison, j'avais réussi à passer une Bible en cachette, au nez des gardiens. Je ne peux pas vous expliquer en détail comment j'ai procédé, car cette méthode est encore utilisée aujourd'hui, et il est important que les autorités ne la découvrent pas, mais je peux dire qu'il s'agissait d'une Bible complète en cinq parties, ce qui était plus facile à dissimuler. Au début, je la lisais seule,

[2] A cette époque, nous recevions chacune quatre petits pains (deux le matin et deux le soir) avec une soupe de lentilles légère et une tasse de thé.

mais désormais, tous les matins, nous faisions une lecture en groupe. J'ai aussi chanté à mes codétenues de nouveaux chants que j'avais composés depuis que j'étais en détention.

C'était une expérience extraordinaire que d'être enfermée avec d'autres personnes qui, elles aussi, se retrouvaient là à cause de leur foi. Cependant, comme nous représentions six dénominations différentes, nous n'étions souvent pas d'accord sur certains points. Par exemple, une des femmes très affermie dans la foi était chrétienne orthodoxe traditionnelle. Si je plaisantais au cours d'une de mes études bibliques, elle n'appréciait pas, et elle a donc commencé à prier et à louer Dieu toute seule. Elle s'est même mise à part pour manger. Je trouvais incroyable que, même enfermée dans un conteneur, elle ne puisse pas profiter de la présence des chrétiennes qui l'entouraient parce qu'elle les trouvait trop mondaines! D'autres se disputaient quant à la façon dont nous devions prier. Certaines préféraient s'adresser à Dieu silencieusement, tandis que d'autres le faisaient à voix haute. Et dans un espace aussi restreint, il était facile de comprendre pourquoi cela posait problème.

– Nous ne sommes pas dans nos églises respectives, devais-je leur rappeler. Dans nos églises, nous pouvons faire comme nous le souhaitons, mais ici, nous devons tolérer nos différences. Si nous n'arrêtons pas de nous quereller, ils risquent de nous envoyer dans les prisons souterraines, dans la montagne. Nous devons donc être reconnaissantes de la liberté que nous avons de louer Dieu ensemble ici et ne pas nous disputer sur la manière dont nous lui rendions notre culte lorsque nous étions libres.

En réalité, l'atmosphère à l'intérieur de notre conteneur était souvent pire qu'à l'extérieur, et ce malgré la présence des gardiens qui nous surveillaient lorsque nous sortions.

Il y avait aussi des différences de caractère, auxquelles il nous devenait difficile de faire face en étant enfermées ensemble 24 heures sur 24. Quelques femmes, très à cheval sur la manière dont nous devions ranger nos quelques effets, faisaient continuellement des remarques aux autres:

– Pourquoi as-tu mis cette tasse ici? Mets-la plutôt là!

Puisque j'étais la plus ancienne dans la prison, d'autres détenues m'avaient laissé leurs habits et leurs affaires lorsqu'elles avaient été relâchées. Ainsi, à cette époque-là, je possédais 12 couvertures, et toutes les tasses du conteneur m'appartenaient! J'ai résolu le problème en appelant un gardien et en lui demandant de donner à chaque personne une tasse, une assiette et une couverture et d'apporter le reste aux chefs de la prison afin qu'ils le distribuent à d'autres prisonniers. Après cela, les choses se sont calmées, et nous avons même fini par réussir à prendre ensemble la cène. Je continuais à faire des études bibliques pour notre groupe et à mettre par écrit des enseignements pour d'autres prisonniers. Ces papiers étaient ensuite transmis en cachette par des amis que je m'étais faits parmi le personnel de surveillance.

Un jour, une femme de mon conteneur m'a remis une lettre provenant d'un homme qui était médecin. Il avait été lui aussi arrêté pour sa foi et avait trouvé le moyen de me transmettre ce courrier. Il m'écrivait:

– Helen, tout le monde est relâché, mais vous êtes ici depuis un an. Pourquoi êtes-vous toujours enfermée?

A cette époque, j'avais commencé à parler un peu de la foi chrétienne à un autre détenu. Il s'agissait d'un ancien soldat qui avait été pris en train de traverser la frontière vers le Soudan. C'était un des prisonniers auquel on faisait le plus confiance dans le camp. Il était chargé de distribuer les pains chaque matin dans tous les conteneurs. Toujours, lorsqu'il arrivait au nôtre, je lui parlais de la Bible. J'ai répondu au médecin, puis un matin, lors de la distribution, j'ai placé ma lettre dans le panier à pain. Mais sans que je m'en aperçoive, un gardien m'a vue depuis sa guérite. Il est descendu, a arrêté le «soldat» dans sa tournée et a lu la lettre que j'avais placée dans la corbeille.

A ce moment-là, tout le monde était dehors, aux toilettes, et comme à l'accoutumée, je mettais de l'ordre dans le conteneur. Je portais une robe légère, à cause de la chaleur. Le gardien a fait irruption à l'intérieur, m'a traînée dehors et m'a battue jusqu'à ce que son bâton se casse. Puis, il m'a menottée à côté du détenu chargé de la distribution du pain et j'ai dû rester ainsi toute la journée. Je souffrais énormément, car ma robe trop fine n'avait pas pu amortir les coups.

Le gardien a fait venir dans le bureau de la prison le médecin qui m'avait écrit afin de l'interroger. Je me suis sentie coupable, en apprenant cela, car dans ma réponse, j'avais utilisé son vrai nom au lieu d'un nom de code. Toutefois, lorsqu'il a expliqué qu'il m'avait simplement demandé pourquoi je n'avais pas encore été relâchée, ils l'ont laissé partir. Il s'est senti coupable à son tour quand il a su que j'avais été punie, et il a essayé de persuader les gardiens que je n'étais pas coupable, mais c'était peine perdue.

Ils m'ont laissée menottée dehors de 5 heures du matin à 23 heures. Puis, celui qui m'avait battue m'a conduite à un conteneur vide, très vieux, rouillé et plein de trous. Il m'a poussée dedans – j'étais toujours dans ma robe légère – et a attaché mes mains devant moi. Puis, il a verrouillé la porte. Etendue ainsi sur le sol glacial, sans couverture, je grelottais. Avec beaucoup de difficultés, j'ai essayé de me relever, car je craignais qu'en restant allongée pour dormir, je ne meure gelée, comme les moutons dans l'article que j'avais lu un jour. Mais tout mon corps était douloureux à cause du froid et des coups que j'avais reçus. En outre, il faisait trop sombre pour y voir, donc il m'était d'autant plus difficile de me déplacer. J'ai alors commencé à chanter; j'ai composé un chant que j'ai répété toute la nuit:

Je t'aime, c'est pourquoi je m'approche plus près de toi.
Je sais qu'il vaut la peine de te suivre.
Je ne suis pas simplement prête à être emprisonnée,
Je te fais confiance jusqu'à la mort.
Même enfermée ou jetée dans une fosse,
Je ne céderai pas aux mauvais esprits;
Pas même si je suis liée, enchaînée et terrassée par le froid.
Je chanterai, je ne me lasserai pas de chanter, jamais.
Mon cœur brûle de ton amour
et proclame que je ne cesserai pas de t'adorer
ni d'élever ton nom.
Encore et toujours, je chanterai,
Je chanterai une mélodie en ton honneur,
Car mon âme est heureuse de te louer.[3]

A environ 6 heures, le lendemain matin, ils m'ont sortie du conteneur pour m'interroger, mais j'avais tellement froid que je ne pouvais ni parler ni marcher. J'ai essayé de répondre à leurs questions, mais il m'était impossible d'articuler un seul mot. Mes lèvres ne le pouvaient tout simplement pas. Ils m'ont donc laissée menottée dehors au soleil jusqu'à ce que je me réchauffe, puis ils m'ont ordonné de lire à haute voix la lettre que j'avais écrite au médecin chrétien. Ils l'avaient trouvée difficile à comprendre. Elle disait:

[3] Traduction libre. (N.d.E.)

L'Eglise est dans une situation terrible; nous n'avons pas la liberté d'adorer. Comment puis-je imaginer être relâchée alors que, tous les jours, l'Eglise est détruite?

Cela faisait référence à un passage du livre d'Aggée.[4] Je savais que mon destinataire comprendrait, mais que les gardiens, eux, ne saisiraient pas le sens de ces mots. Je citais aussi des paroles prononcées par Néhémie durant le temps où il jeûnait et priait, attristé de savoir que les murailles de Jérusalem étaient en ruine.[5] Enfin, je rappelais l'expérience de Shadrak, Méshak et Abed-Nego dans la fournaise[6], et j'écrivais à ce sujet:

Cette fois, la statue en or est remplacée par une feuille de papier.[7]

Les gardiens m'avaient donc punie sans avoir compris le contenu de la lettre...

– Pourquoi, a demandé l'un d'eux, écrivez-vous simplement ce qui est écrit dans votre Bible? Pourquoi n'utilisez-vous pas un langage normal, à la place de ces mots compliqués?

Il m'a ordonné de ne plus transmettre de courrier aux autres prisonniers.

– J'ai été arrêtée parce que je prêchais et répandais l'Evangile, ai-je répondu, et même maintenant, je n'arrêterai pas. Je continuerai à écrire et à parler au sujet de ma foi.

Sur ce, ils m'ont placée en isolement cellulaire.

---

[4] Aggée 1.4: «Est-ce le moment pour vous d'habiter vos maisons lambrissées, quand ce temple est détruit?»

[5] Voir Néhémie 1.1-11.

[6] Voir Daniel 3.1-30.

[7] Faisait référence au document que l'on demandait aux chrétiens de signer, selon lequel ils acceptaient de renoncer à leur foi. (N.d.E.)

- 7 -

Seule

Les premiers jours, j'étais effectivement seule dans un conteneur, mais ensuite, une autre femme est arrivée. Couverte de contusions sur tout le corps et pleurant souvent de douleur, elle n'a pas pu dormir la première nuit. Elle dégageait une drôle d'odeur, comme si elle avait une blessure infectée. Elle m'a raconté qu'ils l'avaient frappée avec des matraques. Je lui ai alors demandé si je pouvais regarder ses plaies et j'ai découvert que, outre les bosses qu'elle avait partout, elle souffrait d'un prolapsus de l'utérus, d'où l'odeur si particulière. En réalité, ils l'avaient battue si violemment que son organe était descendu et pendait hors de son corps; les ligaments avaient été endommagés et il ne pouvait plus rester à l'intérieur. Il fallait donc sans cesse le remettre à sa place.

J'ai essayé de masser les membres de cette pauvre femme pour favoriser la circulation sanguine et permettre à son corps de désenfler, mais comme elle n'avait pas été suivie médicalement la première fois qu'elle avait été torturée, j'avais le sentiment qu'il était trop tard pour l'aider. Elle aurait dû être hospitalisée, mais quelques jours après, elle a été transférée dans un autre conteneur, et je me suis à nouveau trouvée seule.

Si la solitude m'a pesé au début, j'ai fini par apprécier ce temps d'isolement. Il a été fructueux, car j'ai pu écrire des lettres d'encouragement et des enseignements bibliques à d'autres prisonniers. Je le faisais en cachette, sous une couverture, au cas où les gardiens regarderaient à l'intérieur. Mes courriers faisaient souvent jusqu'à 16 pages. J'avais même une radio que j'étais parvenue à dissimuler dans mes affaires lors de mon transfert en isolement cellulaire. Il m'était donc possible d'écouter les informations et quelques programmes chrétiens.

J'avais aussi trois chats qui avaient appartenu à un autre prisonnier. Quand son chat avait eu deux petits, il les avait tous relâchés et ils se promenaient désormais entre les conteneurs. Mais ils passaient tant de temps avec moi que tout le monde s'était mis à parler des «chats d'Helen». Ils attendaient que j'aille aux toilettes, le matin, puis se faufilaient à l'intérieur quand la porte était ouverte. Ils essayaient aussi parfois de rentrer, depuis le toit, par ma minuscule fenêtre. Je les nourrissais avec de petites portions de mes propres rations au début de chaque journée, puis ils restaient avec moi. J'aimais beaucoup les voir jouer. En outre, ils m'étaient très utiles lorsque je voulais transmettre mes lettres aux autres détenus. Voici comment je procédais: je nouais un fil autour de leur cou et, sous leur menton, j'y coinçais un morceau de papier. Comme le fil était très fin, il n'était pas facilement visible dans leurs poils. Ensuite, je les laissais dehors errer autour des conteneurs, à la recherche de quelque nourriture supplémentaire. Les autres prisonniers savaient alors qu'ils devaient regarder le cou des chats pour trouver mes lettres.

J'ai aussi écrit beaucoup de chants, mais malheureusement, les gardiens me les ont tous pris lors d'une fouille.

Ceux qui étaient enfermés seuls devenaient souvent véritablement dépressifs, et les surveillants s'étaient donc dit que l'isolement serait pour moi la pire des punitions et briserait ma résistance. Mais en réalité, j'ai beaucoup apprécié ce temps.

A ce moment-là, un des gardiens a pris des vacances – ce qui était très rare – et il n'est pas rentré au moment convenu. En guise de punition, ils l'ont enfermé seul pendant trois jours. Lorsqu'ils l'ont relâché, il est venu jusqu'à mon conteneur et m'a dit, à travers l'ouverture:

– Helen, je viens de passer seulement trois jours seul dans un conteneur, et j'ai trouvé ça insupportable. Comment cela se fait-il que, après tout ce temps, vous alliez encore bien?

Il ne parvenait pas à croire que, dans ces conditions, il me soit possible de rester calme et, encore moins, d'être heureuse.

Ainsi, contrairement à ce qui se produisait en général en cas d'isolement, cette période a été pour moi l'une des meilleures de ma détention. Je regrette d'ailleurs qu'elle n'ait pas duré plus longtemps, car cela m'aurait permis d'écrire tout ce à quoi j'avais pensé dans le silence.

J'avais adopté une routine pour mes journées solitaires: je me levais, je priais, je lisais et j'étudiais ma Bible, puis j'écrivais des chants et des lettres à des prisonniers avant de faire mes exercices physiques. Ainsi, chaque jour était bien rempli. Toutefois, j'étais curieuse de voir ce qui se passait à l'extérieur. Un jour, j'ai risqué un regard à travers l'ouverture, mais un gardien se trouvait justement de l'autre côté.

– Que faites-vous? m'a-t-il dit hargneusement.

– Je regarde juste dehors, ai-je répondu.

Il m'a alors fait sortir, puis m'a menottée. Cependant, voyant cela, les autres prisonniers ont tous commencé à protester depuis l'intérieur de leur conteneur.

– Elle est toute seule; c'est impossible, vous ne pouvez pas la punir pour ça! les ai-je entendus crier. Elle n'a fait de mal à personne! Quand on est seul, c'est naturel d'être curieux et de vouloir voir ce qui se passe à l'extérieur!

– Ce que vous faites est complètement inadmissible, ai-je dit au gardien. Vous ne pouvez pas me punir d'avoir regardé dehors alors que vous êtes censé me permettre chaque jour de sortir prendre l'air.

L'homme était embarrassé, surtout parce que les autres détenus me défendaient.

Tout en étant seule dans mon conteneur, j'étais souvent consciente de la présence de Dieu à mes côtés. Voici un exemple: un des gardiens, qui avait développé une véritable attirance obsessionnelle pour ma personne, ne cessait de venir me voir. Un jour, il m'a appelée à travers la fenêtre et a dit:

– Je ne peux pas vivre sans vous. Voulez-vous m'épouser?

Cela m'a surprise, mais j'ai gentiment répondu:

– Je suis en prison. Comment puis-je penser au mariage?

Cependant, son obsession persistait, et il a continué à m'observer à chaque fois que je sortais. J'ai commencé à me sentir vraiment mal à l'aise. Puis, comme il persévérait à me demander de l'épouser, j'ai vraiment pris peur. En effet, bien des surveillants traitaient les prisonnières comme des esclaves. Ils leur demandaient de coucher avec eux et, souvent, les violaient. Je savais qu'il était tout à fait possible que, un jour, il me suive à l'espace ouvert servant de toilettes et me viole. Je risquerais alors de tomber enceinte ou d'attraper le sida. Il serait à peine puni, ou ne serait même pas inquiété du tout, tandis que, pour ma part, je serais emprisonnée à vie.

Un jour, j'avais tellement peur que je me suis agenouillée en pleurant dans mon conteneur et que j'ai prié: «S'il te plaît, Dieu, aide-moi! S'il te plaît, fais qu'il me laisse tranquille.» Le lendemain, le gardien était mort. Il s'était disputé avec un nouveau collègue et ce dernier l'avait tué. Le meurtrier a été condamné à 15 ans de détention et enfermé dans le conteneur situé à côté du mien. J'étais horrifiée de tout cela et, pendant longtemps, j'ai été tourmentée par un sentiment de culpabilité. Je pensais que j'étais responsable de la mort de cet homme, puisque j'avais demandé à Dieu de m'en délivrer.

Cependant, j'ai aussi vu le Seigneur changer des mauvais desseins à mon égard en véritables bénédictions. Voici un exemple: les gardiens utilisaient souvent des espions qu'ils chargeaient de surveiller les prisonniers posant problème. Un jour, ils ont ainsi amené deux filles dans mon conteneur. L'une s'appelait Rahel, l'autre Elsa, et elles étaient toutes deux dans l'armée avant leur arrestation. Elles avaient pour mission de m'espionner et de faire un rapport aux autorités de la prison, car ces dernières ne comprenaient pas comment je pouvais continuer à leur résister malgré le traitement qu'elles me faisaient subir. Toutefois, il y a eu un retournement de situation, car les filles m'appréciaient beaucoup. En très peu de temps, nous sommes devenues de bonnes amies et elles m'ont même avoué:

– Nous devions t'espionner, mais nous t'aimons et nous ne le ferons pas!

Finalement, nous en sommes venues à nous aimer comme des sœurs. Une fois, nous partagions le même *gabi*[1], que nous avions étalé sur nous trois, et un gardien est passé.

– Vous ne pouvez pas partager le même *gabi*, a-t-il dit, vous devriez chacune utiliser le vôtre. Est-ce Helen qui vous fait faire ça?

– Non, ont répondu les filles en riant. Nous ne pouvons pas suivre l'exemple d'Helen. Nous n'avons pas la chance de lui ressembler. Elle est unique.

Puisqu'elles ne m'espionnaient pas comme on le leur avait demandé, Rahel a été relâchée, mais ils ont laissé Elsa avec moi pour un temps. Avant de partir, Rahel m'a donné tous ses vêtements de rechange. C'était une vraie bénédiction, car cela faisait longtemps que je n'avais pas eu droit à de nouveaux habits, alors que les miens étaient usés. J'ai senti que c'était Dieu qui prenait soin de moi, comme il avait pris soin d'Elie par l'intermédiaire des corbeaux.[2] Je faisais l'expérience que,

---

1 Voir note p. 59.

2 Voir 1 Rois 17.1-7.

quelles que soient les difficultés dans lesquelles je me trouvais, Dieu envoyait toujours quelqu'un pour m'aider. Ainsi, même si les filles avaient été mandatées pour m'espionner, le Seigneur les a utilisées pour me faire du bien.

Un matin, alors qu'il était encore tôt, j'écoutais une émission chrétienne à ma petite radio, quand les gardiens ont fait irruption dans le conteneur et m'ont confisqué le poste. A cette période de ma détention, ils utilisaient toutes les occasions de faire pression sur moi pour que je signe enfin le fameux document et renie ma foi. Sachant que je suivais les actualités et que la radio apportait un plaisir à ma vie de détenue, ils cherchaient à me faire du mal en m'interdisant cette joie. Au début, j'ai trouvé cela très dur, mais finalement, j'ai accepté de m'en passer.

Toutefois, il y avait à la prison un groupe de détenus – des anciens officiers – qui étaient condamnés à une longue incarcération et qui recevaient des journaux et des livres; ils ont commencé à me faire passer ces journaux. Ils m'en ont même tellement donné qu'ils ont fini par former une pile dans mon conteneur. J'étais ravie de pouvoir avoir à nouveau des nouvelles de l'extérieur. J'ai lu une série d'articles sur des personnes qui avaient changé le monde, comme Rosa Parks, cette femme qui avait lutté contre les discriminations raciales dans les bus aux Etats-Unis, et j'ai commencé à en tapisser mes parois de métal. Je les collais à l'aide de chewing-gums. Ces histoires me faisaient beaucoup réfléchir, et j'y pensais souvent.

Un jour, un gardien est venu à mon conteneur et, en passant la tête à l'intérieur, il a vu ces feuilles accrochées un peu partout. Il m'a posé des questions, et lorsque je lui ai expliqué de quoi il s'agissait, il m'a dit:

– Vous ne vous rendez pas compte que vous faites partie de ces personnes, vous aussi?

Cela faisait quatre mois que j'étais en isolement – isolement que j'appréciais – lorsqu'un interrogateur est venu me dire que je devais rassembler mes affaires pour déménager dans un autre conteneur occupée par sept femmes. Il m'a formellement interdit d'enseigner, de prêcher et de chanter. Je lui ai répondu que je ne pourrais pas respecter sa demande et lui ai donc demandé de me laisser en isolement. Cependant, il avait déjà commencé à rassembler mes affaires...

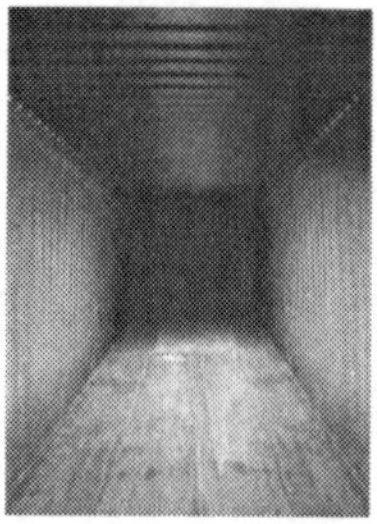

- 8 -

Moins que des êtres humains

Deux des femmes de mon nouveau conteneur étaient croyantes. L'une d'elle, que je connaissais, s'appelait Ester; l'autre, qui venait d'arriver, s'appelait Liya. Quelle n'a pas été ma joie lorsque j'ai découvert qu'elles avaient une radio! Nous avons instauré une routine d'écoute de programmes chrétiens, de prière et de lecture de la Bible. J'ai aussi commencé à chanter pour elles, mais très rapidement, nous avons entendu quelqu'un taper bruyamment contre la porte. Un gardien nous a crié:

– Qui est-ce qui chante?

Liya a répondu que c'était elle, et il l'a donc fait sortir, puis l'a enchaînée pendant toute la soirée.

Le lendemain matin, lorsqu'il est revenu pour nous laisser aller aux toilettes, il a dit:

– Elle ne chantait pas seule; vous deux chantiez aussi.

Il nous a alors enchaînées ensemble, dehors, et nous avons dû rester ainsi jusqu'à 2 heures du matin. Il en a été de même le jour suivant.

Après ces deux jours, il a envoyé toutes les autres sauf nous aux toilettes, puis nous a averties de ne plus jamais chanter. Bien sûr, nous avons refusé.

– Si je vous entends chanter encore une fois, m'a-t-il dit en me prenant à part, je vous fais dormir avec les prisonniers!

C'était la pire menace qu'un gardien m'ait jamais adressée jusque-là. Il m'a poussée à nouveau à l'intérieur du conteneur, qui était resté ouvert pendant que les autres étaient aux toilettes, mais il a laissé Liya dehors. Cela me faisait vraiment de la peine pour elle, car elle n'était pas là depuis longtemps et, pourtant, elle m'avait protégée. Je suis donc ressortie et suis allée m'asseoir avec elle.

– Pour qui vous prenez-vous, Helen? a dit le gardien lorsqu'il m'a vue. Pour un prêtre qui réconforte ses ouailles? Je vous ai dit de rester dans le conteneur!

J'ai refusé d'y retourner.

– S'il vous plaît, laissez-moi rester avec elle, ou enchaînez-moi à sa place!

Le gardien, ne comprenant pas pourquoi j'agissais ainsi, a appelé trois de ses supérieurs afin qu'ils parlent avec moi. Je leur ai expliqué que je désirais être soit punie à la place de Liya, soit autorisée à rester avec elle pour la réconforter. Les trois hommes étaient eux aussi perplexes face à cette réponse.

– Si vous êtes aussi sérieuse avec votre foi, Helen, a dit l'un d'eux en secouant la tête, il faut vous attendre aux pires traitements. Il serait plus sage, pour vous, de renoncer à vos convictions avant qu'il ne soit trop tard.

Liya m'était reconnaissante pour mon soutien, et nous sommes devenues de bonnes amies. J'ai appris que ses parents avaient tous deux fait partie de la guérilla qui s'était battue pour l'indépendance de l'Erythrée et qu'elle était née dans la brousse. Elle avait une telle assurance, une telle foi! Cela m'impressionnait. Même les non-chrétiens étaient stupéfaits en voyant son amour et son esprit de service. Par exemple, tous les jours, elle nettoyait le conteneur et sortait le seau servant de w.-c. Et elle le faisait non seulement sans se plaindre mais aussi avec joie. Lorsque, une fois, je lui ai demandé de me laisser faire, elle a refusé, disant qu'elle considérait cela comme sa tâche et comme une possibilité de servir Dieu et les autres chaque jour. Elle aimait aussi rédiger des études bibliques, et je me suis donc jointe à elle. Ester qui, avant d'être emprisonnée, avait travaillé comme ingénieur, s'occupait des illustrations. Nous formions toutes trois une bonne équipe et faisions parvenir nos enseignements bibliques illustrés aux autres détenus.

Un jour, les gardiens nous ont dit qu'il n'y avait plus de lentilles et que nous devrions désormais subsister avec des rations militaires. Il s'agissait de biscuits secs ou de crackers, qui étaient distribués deux fois par jour avec une tasse de thé. Cela faisait un mois que nous étions à ce régime, lorsqu'un des chefs de la prison m'a fait appeler à son bureau. Comme je n'avais pas vu ma fille depuis des mois, j'étais convaincue qu'il m'appelait parce qu'elle était venue me voir. Toutefois, quand je suis arrivée dans son bureau, Eva n'y était pas. L'homme m'a fait asseoir en face de lui, puis il m'a dit, en secouant la tête:

– Helen, n'essayez pas de prétendre que vous ne savez pas de quoi je parle. On vous a vue accepter un sac de *tihni*[1] de la part d'un gardien.

– Un sac de *tihni*, ai-je crié, fâchée, mais c'est absurde!

Trop contrariée pour parler davantage, à la fois à cause de cette fausse accusation, et aussi parce que j'étais amèrement déçue de ne pas revoir ma fille, j'ai demandé à retourner à mon conteneur. Mais le chef a refusé.

– Personne ne m'a donné quoi que ce soit, ai-je ajouté alors avec fermeté, donc celui qui vous a raconté cela s'est trompé! Et si toutefois un de vos gardiens distribuait de la nourriture aux détenus, vous devriez être fier de lui pour sa compassion envers nous. Oui, nous sommes prisonniers, mais nous restons des êtres humains avec des besoins. Pourtant, cela ne vous a pas préoccupé, et maintenant, vous osez m'accuser! Ce n'est

[1] Le *tihni* est une céréale très nourrissante qui ressemble un peu aux flocons d'avoine et que l'on mélange généralement avec de l'eau. C'est un aliment très utile pour ceux qui font des longs trajets, et encore plus pour les prisonniers qui meurent de faim, comme c'était notre cas.

pas un délit d'avoir faim. Et même quand nous sommes malades, vous ne nous nourrissez pas correctement. Si nous avons la diarrhée, vous nous donnez du sel et du sucre, mais pas de médicaments ni de nourriture substantielle.

Je crois qu'il était mal à l'aise, car il n'a plus rien répondu et m'a simplement fait signe de retourner à mon conteneur.

Un jour, un autre haut fonctionnaire des prisons est venu en visite dans notre camp. Souvent, lors de visites officielles, les gardiens en chef demandaient deux volontaires pour faire la conversation avec le fonctionnaire. Cependant, sachant que nous serions punies si nous nous plaignions des conditions de détention, nous sommes toutes restées silencieuses lorsqu'ils sont arrivés à notre conteneur.

– Helen, cette question est pour vous, a dit alors le haut fonctionnaire: Pourquoi les chrétiens sont-ils tous des opposants au gouvernement?

Je ne pouvais pas me taire.

– Nous ne sommes pas des opposants au gouvernement. Nous soutenons plutôt le gouvernement et faisons le bien envers les autorités et le pays. Quand j'avais mon propre commerce, j'ai toujours payé mes impôts et fait ce qui m'était demandé. Et tous les chrétiens sont d'accord de faire le service militaire. Pour ma part, cela n'a pas été possible à cause de ma fille, mais si vous voulez que j'y aille maintenant, j'irai.[2]

Puis, j'ai cité la Constitution érythréenne:

– La Constitution ne dit-elle pas: «Le pays est pour tous, mais la religion est une affaire privée»? Pourtant, vous ne nous autorisez pas à vivre notre foi. Vous êtes donc contre la Consti-

[2] En Erythrée, le service militaire est obligatoire pour l'ensemble des hommes et des femmes âgés de 18 à 40 ans. (N.d.E.)

tution. Nous n'abandonnerons pas notre foi, mais nous ferions tout pour notre pays.

Cela l'a fâché. Il était très rare que des prisonniers parlent avec les hauts fonctionnaires de cette façon, d'une manière argumentée et cohérente. Malheureusement, il était trop en colère pour continuer à m'écouter, et les gardiens ont transféré les chrétiennes dans un autre conteneur pour les punir. Ce dernier était complètement à l'extrémité du campement, en plein soleil. Les conteneurs situés à cet endroit faisaient de l'ombre aux autres et étaient uniquement utilisés pour les détenus qui posaient problème. Il faisait si chaud, à l'intérieur de notre nouvelle «cellule», que cela n'était pas tenable. Nous nous sommes donc plaintes aux gardiens, mais ceux-ci ont simplement haussé les épaules et répondu:

– Vous avez le droit de choisir: soit vous signez le papier déclarant que vous ne pratiquerez plus votre foi, soit vous restez au soleil!

Depuis la première fois où ils m'avaient demandé de signer ce document, ils avaient refait plusieurs tentatives, non seulement avec moi, mais aussi avec les autres chrétiens du camp. En général, ils revenaient sur le sujet lorsque de nouveaux prisonniers arrivaient.

Ils nous ont donc obligées à rester dans le conteneur en pleine chaleur, mais ils ont fait sortir Liya. Son père travaillait activement à sa libération. Il lui avait récemment rendu visite et lui avait dit de renier sa foi, mais elle avait refusé. Il revenait maintenant pour une réunion avec les gardiens de la prison.

J'étais assise dans le conteneur avec Ester, lorsque la porte s'est ouverte, laissant apparaître Liya. Elle avait une espèce de boule noire dans chaque main. Nous avons d'abord pensé qu'il s'agissait de morceaux de tissu, mais en réalité, c'étaient des cheveux. Lors de leur entrevue, son père avait essayé une nouvelle fois de la convaincre de renier sa foi, mais elle avait refusé. Il s'était alors mis dans une colère telle qu'il l'avait saisie par les cheveux, lui en arrachant une bonne touffe. Elle se retrouvait donc avec une tonsure. Il l'avait aussi battue si brutalement que les gardiens avaient été obligés d'intervenir. Nous l'avons aidée à couper ce qui lui restait de cheveux. Peu après, les gardiens l'ont transférée en isolement cellulaire. Ils disaient que je lui faisais subir un lavage de cerveau. Elle a simplement ri et leur a expliqué qu'ils se trompaient.

Un jour, sa mère lui a rendu visite et lui a apporté un sac de bananes avec de l'argent. Liya voulait me donner un peu de cet argent, car elle savait que je n'en avais pas, mais les gardiens nous surveillaient en permanence. Lorsque nous nous sommes rendues à l'espace ouvert qui servait de toilettes, elle a glissé une petite partie de la somme sous les bananes et m'a donné le sac. J'ai juste eu le temps de prendre l'argent avant que les gardiens ne nous repèrent et m'ordonnent de lui rendre les bananes.

Nous parvenions cependant toujours à nous faire passer des lettres d'un conteneur à l'autre. Et lorsqu'ils ont amené dans celui de Liya des femmes qui avaient essayé de traverser la frontière clandestinement, elle les a conduites à Christ. Les gardiens ne pouvaient pas l'empêcher de répandre l'Evangile. Finalement, ils l'ont transférée dans une autre prison, puis j'ai entendu dire qu'elle avait été relâchée.

Un jour, quelqu'un d'un conteneur voisin m'a vue regarder à travers la petite fenêtre et m'a dit:

– Salut.

Un des gardiens s'en est aperçu et a demandé à l'homme en question à qui il parlait. J'étais très malade, à ce moment-là, et j'avais la diarrhée, mais cela n'a pas empêché les surveillants de nous traîner chacun hors de notre conteneur et de me menotter. Ensuite, ils ont placé un bâton derrière ses genoux, y ont attaché ses pieds et ses mains et l'ont mis la tête en bas. Puis, ils nous ont laissés ainsi toute la journée, en plein soleil. Cet homme était enfermé depuis longtemps. Peu de temps après, il a été libéré, mais j'ai appris qu'il était décédé rapidement ensuite.

Comme j'écrivais à beaucoup de prisonniers, j'apprenais l'histoire de chacun. Une femme avait la phobie du bruit que les portes faisaient lorsqu'elles se refermaient et que l'air était aspiré vers l'extérieur. Un jour, elle m'a écrit pour savoir comment j'arrivais à survivre alors que j'étais en prison depuis si longtemps. Plus tard, elle a fait une dépression et a été internée en hôpital psychiatrique. C'était un problème répandu, parmi les prisonniers. Un passeur, qui avait été pris en train d'aider des gens à traverser la frontière clandestinement, a lui aussi fait une dépression. Il n'avait jamais de visites, car sa famille, habitant tout près du Soudan, ne pouvait pas faire un si long voyage. Il devait donc se sentir abandonné. Un autre détenu, d'un certain âge, faisait partie des Témoins de Jéhovah, groupe religieux interdit. Il avait été incarcéré quand ils avaient arrêté des familles qui apportaient de la nourriture à des prisonniers chrétiens et Témoins de Jéhovah. Quelques jours après son arrivée, il s'était mis à hurler qu'il avait faim, et lorsque les gardiens avaient ouvert son conteneur, il leur avait jeté des pierres; lui aussi souffrait de dépression.

Les personnes qui étaient enfermées dans les conteneurs depuis longtemps éprouvaient souvent des douleurs lancinantes dans les jambes. Dans ces cas-là, les infirmiers leur conseillaient généralement de passer quelques minutes au soleil. Un jour, j'ai vu un homme demander à un gardien la permission de sortir; il avait une lettre de l'infirmier disant qu'il en avait besoin. Le gardien l'a traîné dehors et a commencé à le frapper avec son fouet, sous nos yeux.

Il y avait une autre forme de torture qui consistait à enchaîner ou menotter les détenus à l'intérieur du conteneur. Un prisonnier a été ainsi enchaîné jour et nuit, et lorsqu'ils l'autorisaient à aller aux toilettes ou à aller chercher de l'eau, les gardiens ne lui ôtaient la chaîne qu'à une seule jambe. Puis, ils le forçaient à marcher plus vite. Mais sa chaîne était trop lourde et il n'y parvenait pas. Une fois, un des surveillants a commencé à le frapper juste devant mon conteneur, et je lui ai hurlé d'arrêter.

Chacun des prisonniers souffre en voyant un codétenu souffrir. Et si tous ne sont pas battus, ils tombent souvent malades. Ils peuvent par exemple devenir diabétiques ou dépressifs. Et lorsque, enfin, ils sont relâchés, leur souffrance continue.

Il y avait un autre détenu qui avait été pris en train de passer clandestinement la frontière vers le Soudan. Il était jeune, grand et fort. Quand il a été conduit à son conteneur, il a poliment demandé à parler au chef de la prison, mais le gardien a refusé. Il a demandé une deuxième fois, mais alors, le surveillant l'a fait tomber à terre, puis l'a saisi par le cou et lui a cogné la tête sur le sol plusieurs fois. Nous lui avons tous crié d'arrêter. A cause de ce traitement humiliant, le jeune homme est devenu très dépressif et a perdu du poids.

La plupart des gardiens se faisaient un malin plaisir de trouver des sanctions avilissantes et démoralisantes pour leurs prisonniers. Une de leurs sanctions favorites était de nous forcer à ramener une pierre du champ qui servait de toilettes. Le lendemain, il nous fallait la rapporter où nous l'avions prise. Un jour, un prisonnier qui venait d'arriver, un professeur, a refusé de se plier à ce travail forcé en leur disant qu'ils devraient utiliser des punitions plus appropriées. Bien évidemment, il a été battu.

Il était étonnant de voir le nombre de personnes qui se trouvaient enfermées dans les geôles érythréennes sans savoir pourquoi. Certaines avaient été arrêtées chez elles, la nuit, alors qu'elles dormaient. La plupart étaient des gens cultivés, et on ne leur donnait jamais d'explications quant à la raison de leur arrestation. En général, ils étaient emprisonnés pour six à sept mois, souvent sans interrogatoire et, presque toujours, sans procès ni jugement. Puis, ils étaient relâchés, et on leur disait de ne pas recommencer! C'est là une pratique très courante, aujourd'hui encore, qui est une forme de torture psychologique.

Si les autorités procèdent ainsi, c'est sans doute parce qu'elles soupçonnent les gens – surtout ceux qui sont particulièrement instruits – de fomenter des actions antigouvernementales ou, tout du moins, de ne pas être d'accord avec certains agissements du gouvernement. Il y a là une volonté d'effrayer la population pour faire passer à qui que ce soit l'envie de se rebeller. Pourtant, dans la grande majorité des cas, les personnes emprisonnées sont d'honnêtes citoyens, et la manière dont elles sont traitées est donc totalement infondée.

C'est exactement ce qui s'est produit pour une famille qui est arrivée à la prison, un jour. La mère et la fille ont été placées dans notre conteneur, et le père a été mis avec les hommes. Ils avaient tous été arrêtés en pleine nuit et incarcérés sans explication. La fille n'avait que 17 ans, et dans les minutes qui ont suivi son enfermement, tout son corps s'est mis à gonfler; elle devait être allergique aux parasites qui peuplaient notre conteneur. Ils ont dû l'hospitaliser.

Les punitions sont généralement plus sévères pour les chrétiens que pour les autres détenus. J'ai essayé une fois de réconforter un croyant qui s'était fait prendre en tentant de quitter le pays. Ils l'avaient ensuite frappé si fort avec un bâton qu'ils lui avaient abîmé la colonne vertébrale. Suite à cela, il a été obligé de s'aider de deux cannes pour marcher. Il traînait ses jambes avec peine et avait peur de ne plus pouvoir travailler. Dans mon pays, les handicapés sont généralement considérés comme des fardeaux inutiles pour la société, comme des moins que rien. Il est très important, pour les Erythréens, d'apporter quelque chose à la nation, donc être infirme est une condition terrible.

Quelque temps plus tard, un groupe de chrétiens enfermés depuis quatre ans déjà a été transféré dans notre prison. On ne leur permettait pas de recevoir des vivres de leur famille et, pour les punir encore davantage, les gardiens les forçaient à «travailler»: ils devaient déplacer des pierres et porter des baquets de 20 litres d'eau entre les conteneurs. C'était absurde et humiliant.

Un jour, les surveillants ont organisé une petite fête et ont fait griller des épis de maïs. Respirant cette odeur délicieuse, j'ai dit à l'un d'eux:

– Cela fait bien longtemps que nous n'avons pas mangé quelque chose qui sente si bon. Pourquoi ne nous en donneriez-vous pas un peu?

– Vous n'avez pas été créée pour manger de telles choses! m'a-t-il crié. Vous ne devriez même pas avoir le droit de sentir cette odeur!

Pour certains gardiens, les chrétiens n'étaient pas des êtres humains. Parfois, ils oubliaient de nous donner de l'eau, ou de nous conduire aux douches ou encore à l'endroit réservé au lavage des vêtements. Une fois, un surveillant nous a amenées au robinet pour que nous y fassions notre lessive, mais il n'y avait pas de cuvette. Quand nous lui en avons demandé une, il a répliqué que nous devions faire sans. Nous n'avons donc pas eu d'autre choix que de laver nos habits par terre, sur le sol caillouteux.

Toutefois, étrangement, la terrible condition des chrétiens en prison faisait que les autres détenus se sentaient mieux. En général, les nouveaux arrivés se plaignaient seulement jusqu'à ce qu'ils soient témoins des mauvais traitements infligés aux croyants. Un jour, un de ces nouveaux prisonniers est venu me demander depuis combien de temps je me trouvais enfermée là. Cela faisait plus de deux ans, toutefois, ne voulant pas le décourager, je lui ai dit que cela faisait moins. Stupéfait, il m'a demandé si c'était à cause d'un meurtre!

Si les gardiens étaient souvent cruels avec nous, j'éprouvais pourtant parfois de la pitié pour eux. Car après tout, eux aussi passaient leur vie en prison. Ils s'y trouvaient lorsque j'y suis arrivée, et beaucoup y sont probablement encore. Cela faisait partie de leur service militaire, et ils n'avaient donc pas de salaire, mais étaient simplement nourris et logés. Ils travaillaient 7 jours sur 7 et avaient peut-être deux semaines de permission en six mois. Leur visage était toujours triste. Ils ne parvenaient pas non plus à dormir correctement, car ils travaillaient en équipes, à tour de rôle. Souvent, un gardien n'avait que deux heures de sommeil avant d'être réveillé pour la garde suivante. La plupart d'entre eux n'étaient pas mariés, car ils n'avaient aucune occasion de rencontrer une future épouse et, en outre, ils n'avaient pas le temps de s'occuper d'une famille. Il n'était donc pas étonnant que beaucoup soient en colère et amers. Ils en avaient souvent assez. Une fois, j'ai entendu un gardien demander à un de ses collègues de faire des mots-croisés avec lui pour l'aider à rester éveillé.

– Il y a des tas de choses qui me gardent éveillé, ici, a répondu son collègue. Tu n'aurais pas quelque chose pour m'aider à dormir?

Les surveillants nous disaient régulièrement:

– Nous non plus, nous ne sommes pas contents d'être ici.

Peut-être était-ce pour cette raison qu'ils battaient tant les prisonniers...

Pourtant, certains étaient différents. Ils étaient gentils et essayaient de nous aider, de parler avec nous ou de nous écouter. Il y avait des gardiens qui n'appelaient pas l'infirmier même lorsqu'un détenu était très malade, tandis que d'autres essayaient de réconforter ceux qui souffraient. Ainsi, même en prison, on rencontrait des personnes de tous les genres.

Un jour, j'ai été convoquée au bureau avec Ester et les autres chrétiens. Un des chefs de la prison nous a remis un document qui disait: «Je continuerai à prêcher et à croire.» C'était une déclaration inversée par rapport au dernier papier qu'ils nous avaient demandé de signer.

– C'est votre dernière chance, a dit le fonctionnaire. Si vous signez cette feuille, vous devrez rester en prison et nous vous enverrons dans un centre de détention tenu secret où vous serez emprisonnés à vie. Si vous ne la signez pas, nous vous laisserons partir. Si vous signez, je m'en lave les mains; vous aurez vous-mêmes décidé de votre sort. Je ne serai pas responsable de ce qu'il adviendra de vous ensuite.

Il me semblait que, chaque fois qu'on nous appelait au bureau, les choses empiraient. Ils avaient toujours une idée malveillante en tête. Et quand j'entendais dire à la radio que l'Erythrée faisait partie des 10 pays les moins respectueux des droits de l'homme, je pensais toujours que ce devait être certainement le premier de la liste. Il y a en permanence environ 10% des chrétiens emprisonnés en Erythrée. Mais en réalité, plus de 50% d'entre eux ont été enfermés à un moment de leur vie. L'emprisonnement est, je pense, pire qu'une condamnation à mort. Il serait plus gentil de leur part de nous tuer. Car en étant détenus dans de telles conditions, nous sommes comme des «morts-vivants». C'est même pire, car on nous enlève notre dignité, nos espoirs, nos rêves. Cela me rappelle un musulman[3] que j'ai rencontré en prison: il avait été frappé si sévèrement à la tête qu'il a eu de graves séquelles ensuite. Il ne vivait pas, il existait juste, comme nous tous qui étions enfermés dans les geôles érythréennes.

Avant que nous n'obtenions notre indépendance, quand le pays était dirigé par le dictateur éthiopien Mengistu, mon père avait été arrêté pour avoir soutenu le gouvernement précédent. Il avait été emprisonné plus d'une année, mais il n'avait été torturé qu'au début, durant les semaines d'interrogatoires. Et il avait été détenu dans une prison correcte, aux équipements modernes. Ensuite, une fois la période d'interrogatoires passée, nous avions été autorisés à lui rendre visite. Aujourd'hui, en revanche, plus le temps passé en prison est long, plus la torture s'intensifie et moins vous voyez votre famille. Durant tous ces mois, je n'ai vu ma fille qu'une seule fois.

---

[3] En Erythrée, si l'islam sunnite est une des religions reconnues officiellement par le gouvernement, ceux qui appartiennent à des courants islamistes sont arrêtés. (N.d.E.)

Mais je refusais toujours de céder.

– Je ne peux pas abandonner ma foi, ai-je dit au chef. Si vous percez un sac de grains, il n'en sort pas autre chose que du grain, car c'est ce qui se trouve dedans. Avec moi, c'est pareil: je ne peux pas vous dire autre chose que ce qu'il y a à l'intérieur de moi; tout ce que j'ai sur le cœur doit s'exprimer par ma bouche. Donc donnez-moi ce papier, je vais le signer, puis vous pourrez m'envoyer où vous voulez.

Il m'a alors dit d'attendre et de réfléchir aux conséquences d'une telle décision. Cela m'a semblé cruel, car pour moi, il n'y avait vraiment pas d'autre choix.

– Plus vous me punirez, plus je serai forte, ai-je répliqué. Si vous continuez à taper sur un clou avec un marteau, il devient plus difficile de le retirer du mur. Alors donnez-moi ce papier!

Je l'ai signé, puis je suis retournée à mon conteneur.

Je ne parvenais pas à comprendre comment ils pouvaient s'imaginer qu'ils me feraient abjurer. Il m'était impossible de renier ma foi. Et en réalité, les gardiens obtenaient l'inverse de ce qu'ils voulaient, car les gens se sont mis à demander ce qui était si spécial, dans cette religion des chrétiens, pour qu'ils refusent d'y renoncer. Et finalement, ils ont commencé à croire eux aussi. Notre souffrance s'est alors transformée en sujet de gloire pour notre foi.

En y réfléchissant, je me dis que, à l'heure qu'il est, le gouvernement devrait avoir compris que sa stratégie ne fonctionne pas. Je suis en effet convaincue que, depuis que les églises ont été fermées, le nombre de chrétiens a doublé ou triplé. Ainsi, peut-être que Dieu utilise cette terrible situation pour sa gloire.

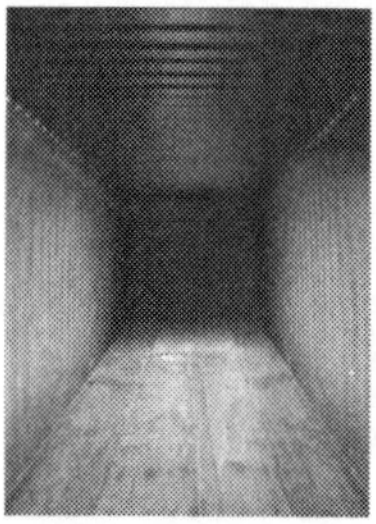

- 9 -

Battue à mort

Peu de temps après, un autre haut fonctionnaire est venu à la prison. Un des deux chefs a ouvert notre conteneur, et le visiteur a demandé:

– Qui sont ces dames?

– Ce sont celles qui sèment le trouble dans tout le pays, des adeptes de la religion pentecôtiste, a répondu le chef.

Puis, il a claqué la porte pour que nous ne tentions pas de persuader le fonctionnaire qu'il n'en était pas ainsi.

L'autre responsable de la prison est alors venu pour me convaincre que nous avions eu tort de signer le papier.

– Pourquoi venir nous déranger avec ça maintenant? ai-je répondu. C'est fait!

Pourtant, un peu plus tard, un autre employé encore est venu me voir et m'a accusée d'être une opposante au gouvernement.

– Vous êtes simplement utilisée par des groupes politiques, a-t-il dit. Pourquoi les laissez-vous faire? Pourquoi risquez-vous votre vie pour plaire à certaines personnes et soutenir leur cause? Pourquoi vous sacrifiez-vous pour les autres? Votre foi est peut-être authentique, mais ceux qui vous ont demandé de suivre de manière si rigide cette religion rebelle vous utilisent à des fins politiques.

– Si je peux parler pour moi-même, ai-je répondu, je ne fais rien d'autre que croire en ce que dit la Bible. Depuis mon enfance, je n'ai jamais eu d'autre intention. Et cette Bible n'est pas nouvelle; mes pères et mes ancêtres la lisaient. Je lis la même que mon grand-père lisait; la seule différence, c'est qu'il la lisait en guèze[1], tandis que je peux la lire dans ma propre langue. Lui maniait sa Bible avec un profond respect et la gardait dans une boîte sacrée, tandis que, pour ma part, je ne

[1] Voir note p. 81.

prends pas de précautions spéciales. Il est allé à l'église pendant 50 ans, mais il ne comprenait pas la Bible. Aujourd'hui, nous la connaissons mieux, parce qu'elle est écrite dans notre langue. Si vous essayez de nous ramener aux jours d'autrefois, vous ne pourrez pas chercher le bien du pays. Tout change et nous devons nous adapter, vivre avec notre temps. Chaque génération doit apporter de nouvelles idées, sinon, il n'y aura jamais rien de nouveau et rien ne changera ni ne progressera. Aujourd'hui, comme nous pouvons comprendre la Bible, les gens sont transformés.

– Je hais la Bible! a-t-il grogné, parce qu'elle affaiblit notre peuple!

Le personnel pénitentiaire, je le savais, n'avait aucun respect pour la Bible. A chaque fois qu'ils en trouvaient une chez un prisonnier, les gardiens la brûlaient. De même, au début du service militaire, les conscrits étaient fouillés, et toutes les Bibles trouvées étaient brûlées.

Ainsi, dans mon pays, les gens ne sont pas libres de vivre leur foi en Dieu. Les chrétiens sont souvent appelés «pentes» (de «pentecôtistes»). C'est un terme péjoratif et déshonorant pour quiconque est sérieux dans sa foi. Les croyants, en Erythrée, ne jurent pas, bien qu'un langage grossier fasse partie de la culture. Et parce que nous ne jurons pas, on nous appelle des «pentes inutiles».

Peu après cette conversation avec le fonctionnaire, j'ai préparé une étude biblique pour un des surveillants. Je la tenais prête pour lui aux alentours de midi, car c'était un moment calme à la prison, et il pouvait donc plus facilement venir la chercher. Mais par hasard, un de ses supérieurs l'a vu. Il lui a alors demandé ce qu'était ce papier et il a dû le lui remettre.

Comme cela faisait un moment que j'écrivais des enseignements bibliques pour cet homme, j'avais noté, en haut de la feuille: «Suite de la leçon précédente.» Ils ont donc compris que ces études étaient quelque chose de sérieux. J'ai été contrainte de sortir du conteneur, et ils m'ont menottée à côté de mon «élève», avec le gardien de service. Ils m'ont aussi attaché les chevilles, mais ils ont trop serré les menottes, ce qui m'a provoqué une douleur atroce. Nous avons dû rester ainsi toute la nuit, et je n'ai pas pu dormir, car je souffrais trop. A ce moment-là, un texte de la Bible que je lisais continuellement durant cette période m'est revenu à l'esprit. Il se trouve en Esaïe 53.2: «Il n'avait ni beauté ni splendeur.»

Etendue dehors, souffrant de douleurs lancinantes dans les jambes, je regardais les étoiles apparaître dans le ciel. Et devant l'immensité de la voûte céleste, j'ai eu soudain le sentiment d'être vraiment très petite. Toutefois, lorsque j'ai repensé à la majesté de Dieu, le pouvoir qu'avaient les gardiens ne m'est plus apparu aussi grand. J'ai concentré mon attention sur les étoiles, car lorsque je la portais sur mes jambes, la douleur devenait insupportable. J'avais peur de perdre l'usage de mes membres si la circulation était coupée pendant trop longtemps. Je ne pourrais alors plus ni marcher ni travailler.

Presque tous les surveillants sont passés à côté de nous au cours de la nuit, lors de leur changement de garde, et beaucoup se sont moqués de nous. A un moment, l'un de ceux qui nous observaient a dit à ses collègues:

– Regardez Helen, elle ressemble à un mouton préparé pour la Fête du Sacrifice[2]!

---

[2] Fête très importante pour les musulmans, célébrée en novembre. (N.d.E.)

– Je ne voudrais pas manger de ce mouton, a répondu l'homme qui se trouvait près de lui en secouant la tête. Elle est trop sale; on dirait une mendiante.

Quand le matin est venu, la douleur me faisait presque délirer. Je me souviens toutefois avoir vu les autres prisonniers aller aux toilettes: beaucoup d'entre eux étaient compatissants. J'ai vu aussi mon amie Ester; lorsqu'elle m'a regardée, des larmes ont commencé à couler sur ses joues.

Ensuite, ils nous ont appelés pour un interrogatoire. J'étais tellement courbaturée que je pouvais à peine marcher. Ils nous ont accompagnés au bureau du chef, et là, nous avons été questionnés par un interrogateur. Ils ont commencé par le gardien auquel j'avais donné les enseignements bibliques, voulant savoir ce que je lui avais écrit. Celui-ci a répondu honnêtement, exposant en détail ce que j'avais expliqué au sujet de l'Evangile, au sujet de Jésus et au sujet du salut. Puis, ils lui ont donné à signer un papier stipulant qu'il cessait de croire. Jeune converti, craignant la torture, il a signé. Mais ils ne l'ont pas relâché pour autant, et il est resté emprisonné pendant de longs mois.

Après cela, ils se sont tournés vers le surveillant en service au moment des faits et ont voulu savoir pourquoi il ne m'avait pas empêchée de remettre l'étude biblique à son collègue. Il a répondu qu'il n'avait rien remarqué, et ils ont dû le croire, car il a été relâché au bout de quatre jours seulement. Puis, cela a été mon tour, et ils m'ont demandé pourquoi je dispensais des enseignements bibliques à des membres du personnel.

– Je cherche toujours des occasions de parler de ma foi, ai-je répliqué, et de répandre la bonne nouvelle du salut en Jésus. Je n'ai pas honte de l'Evangile, et je suis prête à en parler à n'importe qui. Jésus ne m'appelle pas seulement à parler de lui aux prisonniers, mais aussi aux gardiens. Et même si le Président visitait la prison, je lui annoncerais l'Evangile.

Comme ils avaient l'air furieux, j'ai ajouté:

– Je n'ai pas peur de vous. Vous pouvez me faire ce que vous voulez, de toute façon, vous ne pouvez pas faire plus que tuer mon corps. Vous ne pouvez pas toucher à mon âme. Et en réalité, vous ne pouvez même pas me tuer, à moins que ce ne soit la volonté de Dieu.

N'ayant rien à répondre à cela, ils m'ont ramenée à mon conteneur. Cependant, l'affaire n'était pas close pour autant.

Un nouveau détenu qui, comme bien d'autres, avait été pris en tentant de fuir le pays, avait été enfermé dans le conteneur situé en face du mien, réservé aux personnes souffrant de diarrhée. C'était une punition. Les conditions y étaient très désagréables, et cet homme était prêt à tout pour réduire sa peine. Il a donc accepté d'être recruté comme espion par les gardiens, et sa première tâche a été de me prendre au piège.

Il est venu me voir et m'a demandé de lui écrire quelques enseignements au sujet de la Bible. J'ai accepté, mais comme je rédigeais des courriers pour de nombreux prisonniers, je n'ai pas pu commencer immédiatement. Il est donc revenu un peu plus tard et a réitéré sa demande. Désolée pour lui, j'ai recopié une des études que j'avais écrites avec Liya, et Ester a illustré le tout. Puis, j'ai plié la feuille et je l'ai cachée dans une boîte d'allumettes.

Alors qu'il se tenait à l'arrière du conteneur, j'ai chuchoté, à travers la petite fenêtre:

– Personne en vue?

Il a répondu par l'affirmative, mais en réalité, il mentait. En effet, non loin de là, le gardien observait la scène. Je lui ai donc lancé la boîte d'allumettes, qu'il a attrapée et apportée directement au surveillant.

Celui-ci s'est approché et a demandé:

– Qui a jeté cela?

J'ai ouvert la bouche pour répondre, mais Ester m'a devancée, disant:

– C'est moi!

Comme j'avais été tellement torturée, elle ne voulait pas que j'aie à nouveau des ennuis. Cependant, lorsque le gardien a regardé l'écriture sur la feuille, il a su que c'était moi.

Il nous a toutes deux traînées dehors. Ester portait des lunettes, et il les lui a enlevées avant de la gifler brutalement. Il l'a ensuite obligée à s'allonger le visage contre terre, l'a menottée et lui a donné des coups de pied. Puis, il l'a laissée gémir de douleur. En général, quand on nous laissait dehors attachées, on nous permettait de nous asseoir. Nous forcer à rester allongées sur le ventre contre le sol rocailleux était une punition particulièrement cruelle pour nous, les femmes, car c'était très douloureux au niveau de la poitrine.

– Maintenant, nous avons des preuves contre vous! a dit le gardien, triomphant.

Il a aussi menotté l'espion pour que les autres prisonniers ne se doutent de rien, mais celui-ci a vite été relâché.

Ensuite, il s'est approché de moi.

– Que va-t-on faire de vous? a-t-il dit en me regardant fixement. Vous créez toujours du trouble!

Instinctivement, j'ai porté mes mains à mon visage, car j'étais sûre qu'il allait me gifler moi aussi. Et effectivement, il n'a pas manqué de me frapper. De loin, on aurait pu croire que nous faisions de la boxe, car je tentais d'esquiver ses coups et, ce faisant, je me baissais subitement et faisais de drôles de mouvements. Je craignais qu'il veuille continuer jusqu'à ce que je sois défigurée.

Puis, mes jambes ont commencé à ne plus me porter, et je me suis lentement affaissée sur le sol.

– Où sont tous vos écrits, Helen?

Il pensait manifestement que je tirais mes enseignements bibliques de livres que j'aurais introduits en cachette dans la prison.

– Ils sont tous là-dedans, lui ai-je répondu en montrant ma tête.

– Alors il sera facile de les détruire!

Puis, j'ai eu l'impression que quelque chose avait explosé contre ma tête, sur le côté. Il me frappait maintenant avec son pied. L'un après l'autre, les coups pleuvaient sur tout mon corps.

C'était le soir et les conteneurs étaient déjà verrouillés pour la nuit, mais comme nous nous trouvions au centre de l'enceinte de la prison, les autres prisonniers observaient la scène et lui ont crié d'arrêter de me frapper si violemment. Finalement, lorsqu'il en a eu assez, il m'a encore asséné un violent coup de pied dans les côtes en me criant:

– Levez-vous!

Il m'a poussée en direction de mon conteneur, mais j'étais tellement étourdie qu'il m'a fallu un long moment pour me mettre debout. J'avais la tête qui tournait et les jambes qui chancelaient. Quand, enfin, j'ai réussi à me traîner jusqu'à ma «cellule», je me suis écroulée par terre. Il m'était toutefois impossible de dormir à cause de la terrible douleur que je ressentais dans tout le corps et d'un mal de tête qui me provoquait de fortes pulsations.

Le lendemain matin, j'ai réussi à boitiller jusqu'au champ des toilettes, mais à peine étions-nous de retour au conteneur que le gardien nous a appelées à nouveau. J'étais tellement meurtrie, suite à la correction qu'il m'avait infligée la veille, que je pensais ne pas être appelée pendant un certain temps. Pourtant, ils m'ont menottée dehors avec Ester et, ensuite, un autre gardien est venu me dire qu'un des chefs voulait me voir.

Nous avons longé les allées étroites séparant les conteneurs, puis, passant devant le bâtiment principal, nous sommes arrivés au bureau. Il y avait deux chefs, dans cette prison. L'un était un homme issu d'une famille orthodoxe, comme moi, et l'autre était un musulman du nom de Suleiman. C'était lui qui se trouvait en cet instant face à moi, prêt à m'administrer une correction. Tenant dans ses mains un gros paquet de mes écrits, il les a posés avec violence sur le bureau, à côté d'une matraque. Horrifiée, je ne pouvais détourner mes yeux de cet objet. Il me rappelait ce que m'avait raconté une codétenue un jour: accusée de vol, elle avait été cruellement battue par Suleiman. Et, un mois auparavant, un chrétien emprisonné depuis longtemps avait lui aussi été frappé par ce chef. Il m'avait rapporté la scène par écrit. Suleiman, qui était quelqu'un de méthodique, avait commencé par son cou, puis il avait continué par les épaules, les bras et le dos, pour finir par les jambes. Ainsi, je savais à quoi m'attendre et, malgré ma foi, j'avais peur.

Lorsqu'il a commencé à me parler, il était furieux. J'ai donc essayé de le calmer.

– Suleiman, les choses ne sont pas ainsi... répétais-je.

Mais il semblait ne pas m'entendre. Il était déterminé à passer sa colère sur moi.

Juste avant que je ne reçoive le premier coup, un verset d'Esaïe m'est revenu: «Il a été maltraité, il s'est humilié et n'a pas ouvert la bouche» (Esaïe 53.7). Je me suis accrochée à cette parole, et cela m'a fortifiée. Si Jésus n'avait pas crié, je ne crierais pas non plus.

Suleiman a continué à me frapper.

– Laissez-nous tranquilles, Helen! hurlait-il à chaque coup.

Mais tandis qu'il criait, je restais silencieuse. Pourtant, c'était plutôt l'inverse qui aurait dû se produire...

Il n'avait pas pris la peine de m'enchaîner, car de même que tous les gardiens, il savait que les chrétiens ne ripostaient pas. Comme je ne disais toujours rien, il a dû penser qu'il ne me frappait pas assez fort, car les coups ont redoublé de violence. Finalement, fatigué par l'effort, il a dit:

– Nous allons faire une pause pour que vous puissiez réfléchir à vos actions.

Tous mes muscles ont commencé à se contracter convulsivement, tandis que je gisais par terre. Alors, appuyé sur son bureau, il a posé la matraque à côté de lui et m'a regardée en disant:

– Helen, vous devez cesser de croire.

Comment pouvait-il penser que j'abandonnerais ma foi, après tout ce que j'avais supporté? Croyait-il vraiment que des coups allaient me faire abjurer?

– Suleiman, vous pouvez me faire ce que vous voulez, mais je continuerai à croire et je resterai fidèle à mon Dieu... même si vous me tuez.

Il a pris une feuille sur son bureau et l'a agitée devant moi.

– Vous devez signer pour promettre que vous n'enseignerez plus les membres du personnel. Vous enseignez tout le monde; vos écrits sont partout!

– Suleiman, je ne signerai pas, ai-je répété en levant les yeux vers lui, depuis l'endroit où j'étais étendue. Je n'ai qu'une seule pensée en tête: annoncer le salut à mes compatriotes, où que je sois.

A ces mots, il a empoigné à nouveau sa matraque et a recommencé à s'acharner sur moi. Chaque centimètre de mon corps y est passé, depuis la tête jusqu'aux pieds. Je n'ai jamais autant souffert. Chacun de ses coups me provoquait une sensation de brûlure et, très rapidement, j'ai eu l'impression que tout mon corps était en feu. Mais je m'accrochais aux paroles d'Esaïe. Puis, finalement, il s'est assis et m'a fixée d'un air stupéfait. A mon avis, il avait peine à croire que je n'aie pas crié une seule fois ou que je ne l'aie pas supplié d'arrêter.

– Bon, vous avez quelque chose à dire? a-t-il demandé.

– Non, ai-je répliqué. Vous faites votre travail, je fais le mien.

Il était troublé.

– Que voulez-vous dire?

– En me frappant, vous atteignez l'objectif que vous vous êtes fixé, et moi, j'atteins le mien, ai-je expliqué.

Je voulais dire que je souffrais pour mon Dieu. Mais selon l'expérience de Suleiman, chaque personne qu'il battait de cette manière finissait par s'évanouir. Et ses victimes restaient ensuite souvent immobilisées des jours durant. Il m'a ordonné de me lever, mais comme je n'y arrivais pas vraiment, il a appelé un gardien. Il lui a demandé de me ramener à mon conteneur et de m'attacher à l'extérieur, puisque je n'avais toujours pas changé d'avis. Il m'a regardée m'éloigner en secouant la tête d'un air incrédule.

Le gardien m'a enchaînée à côté d'Ester, les mains derrière le dos. Mes mains étaient très enflées, car Suleiman y avait prêté une attention toute particulière, voulant me punir d'avoir écrit des enseignements bibliques pour les autres détenus. Lorsqu'il m'a menottée, j'ai cru que je ne parviendrais pas à supporter la douleur. Et je me suis sentie plus mal encore quand il a amené Ester à Suleiman, car j'avais peur qu'il lui fasse subir le même sort. Je ne voulais pas qu'elle souffre une torture pareille. De plus, si elle était elle aussi sévèrement battue, il n'y aurait personne pour prendre soin de nous, puisque, à ce moment-là, nous n'étions plus que toutes les deux dans le conteneur.

Elle est cependant revenue très rapidement: le chef lui avait simplement donné un avertissement. J'ai alors commencé à lui expliquer ce qu'il m'avait fait, et elle a été horrifiée. A première vue, j'avais toutefois l'air d'aller bien, car la plupart de mes meurtrissures étaient cachées sous mes vêtements.

Ensuite, un autre gardien, appelé Dawit, est venu nous dire d'aller manger dans le conteneur et de revenir aussitôt dehors. Mais la chaleur avait fait gonfler mes blessures, et j'étais incapable de tenir debout. J'ai fait quelques pas en titubant, avant de m'effondrer à nouveau sur le sol.

– Pourquoi dormez-vous? a-t-il crié. Levez-vous!

– S'il vous plaît, Dawit, ai-je supplié, je suis vraiment mal! Laissez-moi allongée ici.

Toutefois, ne me croyant pas, il m'a donné à son tour des coups de pied. Il pensait que cela me ferait lever. Puis, comme il m'était impossible de tenir debout, il m'a traînée dans le conteneur et je suis restée là où il m'a laissée. Ester a apporté un linge mouillé pour nettoyer mes plaies.

Quelques instants après seulement, Dawit est revenu. Mais nous n'avions pas eu le temps de manger, et Ester l'a donc supplié de nous accorder un petit délai supplémentaire. Toutefois, je ne pouvais même pas penser à m'alimenter, car j'étais certaine que j'allais mourir.

J'ai commencé à répéter en boucle dans ma tête les paroles d'un ancien cantique: «Seigneur, sois avec moi; Seigneur, sois avec moi; Seigneur, sois avec moi.» Des larmes coulaient le long de mes joues, car j'imaginais ma fille et le reste de ma famille venant me voir pour s'entendre dire que j'étais morte. Je n'avais pas peur de mourir, mais je ne voulais pas laisser Eva.

Ester criait toujours à Dawit de nous laisser, mais il l'a frappée et l'a poussée dehors. Puis, alors qu'il me traînait à l'extérieur moi aussi, elle a mis sa main sur son bras et a dit:

– Elle souffre. Comment pouvez-vous lui faire ça?

Ne voulant pas qu'elle s'attire des ennuis, je lui ai dit:

– C'est fini, je meurs. Donc ne t'en fais pas. Ce n'est pas la peine de lui dire d'arrêter, parce que, bientôt, il ne pourra plus me faire de mal...

Elle m'a simplement dévisagée, car, encore une fois, mes blessures ne semblaient pas aussi graves qu'elles l'étaient en réalité.

Il nous a enchaînées toutes les deux en plein soleil, mais comme il m'était impossible de me tenir droite, je me suis à nouveau écroulée par terre.

– Je meurs, Ester, ai-je répété.

Et cette fois, j'ai vu qu'elle me croyait.

– Qu'est-ce que je peux faire pour toi? a-t-elle demandé en se mettant à pleurer.

– Dis à Dawit de m'ôter mes chaînes pour que je puisse mourir plus confortablement.

Quelques gardiens s'étaient regroupés près de nous, et un des plus âgés, qui était bienveillant, s'est agenouillé à côté de moi.

– Helen, que voulez-vous que nous fassions pour vous? a-t-il demandé avec gentillesse.

– Détachez mes mains... ai-je murmuré.

Puis, tout est devenu noir.

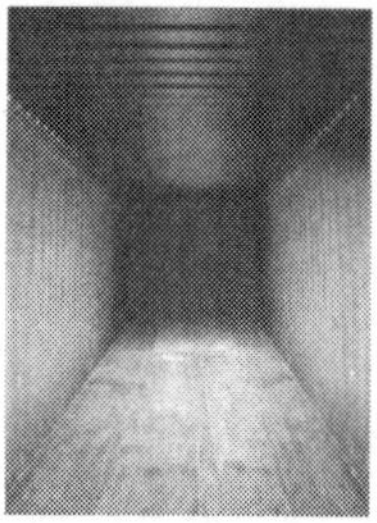

- 10 -

«Que vous a-t-il fait?»

J'ai appris un peu plus tard ce qui s'est passé au moment où j'ai perdu connaissance. Le gardien plus âgé a dit:

– Helen est morte.

Ester s'est alors mise à crier de façon hystérique, jusqu'à ce qu'elle n'ait plus de voix. Puis, Dawit a dit aux autres gardiens qu'il ne savait pas que j'avais été torturée. Il avait manifestement très peur d'avoir des ennuis si je venais réellement à mourir, car il n'a cessé de crier mon nom et de verser de l'eau sur moi pour essayer de me ranimer.

Mais j'étais simplement inconsciente. Lorsque je suis revenue à moi, j'étais entièrement trempée et, tout autour de moi, des gardiens m'observaient.

– Elle est revenue à la vie! criaient-ils tous.

Ils ont appelé un des infirmiers et il a essayé de me soulever, mais cela m'a provoqué une douleur telle que j'ai failli m'évanouir à nouveau. La pauvre Ester criait à tous de me laisser tranquille.

Dans une des huttes en briques d'argile que j'avais prises pour des blocs sanitaires le jour de mon arrivée à la prison, il y avait une petite clinique avec trois lits et quelques équipements rudimentaires. C'est là qu'ils m'ont amenée. Quand ils m'ont allongée sur un des lits, j'ai eu le sentiment que quelque chose me comprimait la gorge et m'empêchait de respirer. J'ai donc essayé de m'asseoir. L'infirmier a d'abord pensé que je souffrais de la faim, puis quelqu'un lui a expliqué que j'avais été battue. Il a alors demandé à tous de partir et m'a ôté mes vêtements. Mon corps était entièrement couvert de bleus, et l'on avait l'impression que j'étais encore habillée.

– Helen, que vous a-t-il fait? s'est-il exclamé, scandalisé. Avec quoi vous a-t-il frappée?

Quand je lui ai raconté de quelle manière Suleiman m'avait battue, l'infirmier a dû sortir pour pleurer.

– Pourquoi l'avez-vous laissé faire? m'a-t-il demandé une fois revenu. Vous auriez dû crier! Vous vous rendez compte que vous risquez de ne jamais plus pouvoir marcher? Je vais faire tout mon possible pour vous aider, mais vous aurez de graves problèmes à l'avenir, Helen.

En disant cela, il me montrait mes blessures: j'avais les jambes et les épaules très enflées, et mes cuisses saignaient, tout comme mes plaies à la nuque.

Il a fait venir Suleiman à la clinique et lui a dit, en montrant mon cou:

– Vous avez probablement abîmé quelque chose ici; elle risque de mourir.

Puis, il lui a fait remarquer dans quel état étaient mes jambes:

– Regardez ça: il y a tellement de lésions... Elle a besoin d'être soignée à l'hôpital.

Mais Suleiman a refusé que je sois hospitalisée, car il ne voulait pas qu'on apprenne ce qu'il avait fait.

Il est parti, et l'infirmier m'a mise sous perfusion. Ensuite, il a commencé à masser mon corps meurtri. Un des interrogateurs est arrivé à ce moment-là, et quand il a vu à quel point j'étais blessée, il est ressorti aussitôt en courant. Mais l'infirmier l'a rappelé pour qu'il lui vienne en aide et, ensemble, ils m'ont entièrement désinfectée avec une solution de teinture d'iode. L'odeur me piquait les narines, et la douleur provoquée par le produit sur mes plaies était en concurrence avec les brûlures que je ressentais sur tout mon corps. L'interrogateur était obligé de me tenir pour que l'infirmier puisse me soigner.

Pensant tous deux que je devais manger, ils m'ont apporté de la nourriture légère: du yaourt et de l'*injera*[1]. Mais à chaque fois que j'essayais d'avaler quelque chose, j'avais l'impression que j'allais vomir. Je les ai donc suppliés d'arrêter et de me laisser me reposer.

Quand ils m'ont laissée dormir, un autre prisonnier est arrivé à la clinique pour une urgence: il s'était coupé la main. Il faisait partie des détenus auxquels j'avais transmis des enseignements bibliques par écrit, et il était devenu un croyant affermi. J'avais d'ailleurs sur moi quelques autres feuilles à lui donner, cachées dans une poche à fermeture éclair de mes sous-vêtements. Cependant, comme j'étais allongée sur le dos et que l'infirmier était entre nos deux lits, je ne pouvais pas les lui remettre. J'étais étonnée de me faire du souci pour cet homme, alors que j'étais moi-même dans un état si grave, et je me demandais ce que penserait Suleiman s'il me prenait en train de lui transmettre à nouveau des enseignements, après tout ce qu'il venait de me faire subir.

Alors que j'étais étendue sur le lit, il s'est mis à pleuvoir, puis j'ai entendu un grondement sourd venant de l'extérieur. Je ne pouvais pas m'asseoir pour regarder, mais j'ai pensé que, probablement, des briques étaient tombées d'une de ces huttes plus que sommaires. J'espérais que celle de la clinique resterait entière tant que je m'y trouverais...

Tard dans la nuit, alors que les autres prisonniers dormaient déjà, on m'a ramenée à mon conteneur. Je suis restée étendue dans des douleurs indicibles, demandant sans cesse à Ester d'appeler le gardien pour que je puisse mourir à l'air frais. J'avais continuellement l'impression que quelque chose me coupait la respiration. En réalité, j'avais été si sévèrement

[1] Pain plat mangé avec la plupart des mets en Erythrée.

battue que ma gorge aussi avait gonflé, ce qui, effectivement, me gênait pour respirer. A chaque fois qu'Ester demandait de l'aide, un infirmier venait me faire une piqûre d'analgésique, mais cela ne me semblait faire aucune différence.

Je suis restée couchée dans le conteneur pendant des jours, sans pouvoir dormir, ou presque, tant je souffrais. J'ai réussi à manger un peu de soupe aux lentilles, mais d'une manière générale, je n'avais pas d'appétit.

Durant ce temps, j'ai beaucoup réfléchi à ce qui s'était passé et à la cruauté dont les hommes sont capables de faire preuve les uns envers les autres. Pourtant, je ne pouvais pas haïr Suleiman. Il m'avait frappée sous le coup de la colère, et je me demandais si, maintenant, il n'en éprouvait pas de la honte. Je ne désirais pas qu'il soit puni pour ses actes; je souhaitais qu'un jour, il puisse trouver la foi dans le Seigneur qui était le mien et se repentir du mal qu'il avait fait. Je priais pour cela.

J'ai demandé à le voir. Il est donc venu à notre conteneur, pensant que je m'étais ravisée et que, après la sévère correction qu'il m'avait administrée, je serais prête à signer pour abjurer. Il s'est enquis de l'état de mes blessures et s'est montré étonné lorsque je lui ai dit que cela allait. Puis, il a voulu savoir pourquoi je l'avais fait appeler, et j'ai répondu:

– Je n'arrive pas à dormir, je souffre en permanence et j'ai l'impression de ne pas pouvoir respirer. Si je dois mourir, j'aimerais voir ma fille avant. S'il vous plaît, laissez-moi la voir!

– Helen, il vaut mieux, pour vous, que vous demandiez à être relâchée plutôt que vous receviez la visite de votre fille ici. Vous savez ce que vous avez à faire pour que je vous libère. Parfois, je me dis que ce n'est pas possible, que vous ne pouvez pas être humaine... Vous devez être faite d'acier, car rien ne semble vous ébranler.

Ensuite, il m'a parlé d'une voix plus douce:

– Pourquoi ne demandez-vous pas à être relâchée? Vous avez fait assez pour votre foi. D'ailleurs, vous êtes presque morte. Cela comptera comme si vous étiez morte. Donc vous avez fait votre travail; vous pouvez maintenant renier votre foi et mourir chez vous.

Cependant, j'ai à nouveau refusé, et il ne m'a donc pas laissée voir Eva.

Durant tout ce temps, j'étais très reconnaissante à Dieu pour mon amie Ester. Sans se lasser, elle s'est occupée de moi, et c'est grâce à ses soins que je peux encore marcher aujourd'hui. Elle m'a massée et m'a fait ma toilette tous les jours, m'a nourrie, a lavé mon linge, et tout cela sans jamais se plaindre. Toutefois, malgré cela, mon état s'est aggravé: je saignais en permanence et mes jambes ne désenflaient pas.

Alors que j'avais toujours très mal, un des gardiens musulmans est venu pour nous administrer une nouvelle correction. Suleiman l'avait probablement envoyé parce que, en refusant de demander à être relâchée, j'avais à nouveau défié son autorité. L'homme nous a demandé de nous allonger par terre pour qu'il puisse nous frapper avec son bâton.

– Pourquoi faites-vous cela? a demandé Ester, en colère. Vous ne voyez pas qu'Helen est encore soignée pour de graves blessures? Ça m'est égal, si vous me battez, moi, mais vous ne devez en aucun cas la frapper, elle!

Mais il était manifestement déjà au courant de mon état, car il n'a rien répondu. Une douleur insupportable m'a parcourue lorsque son bâton s'est abattu sur mon corps meurtri.

Toutefois, suite à mes cris et aux supplications d'Ester, un infirmier est arrivé en courant.

– Vous ne devez pas la frapper! Si elle meurt, je décline toute responsabilité!

Les infirmiers sont chargés de garder les prisonniers en vie lorsque ceux-ci ont été torturés, et ils travaillent dur pour y arriver. Souvent, si un prisonnier meurt, ils sont punis.

Mes jambes étaient dans un tel état qu'il m'était impossible de marcher pour aller aux toilettes. Comme je trouvais humiliant de devoir utiliser le seau devant les autres détenues avec lesquelles nous partagions désormais notre conteneur, j'ai finalement demandé des serviettes hygiéniques. J'ai utilisé tout le stock de la prison. Puis, ils m'ont donné du matériel servant à faire des pansements qu'ils ont trouvé à la clinique. Il n'y avait pas de femmes, parmi les membres du personnel, et je devais donc tout demander aux hommes qui dirigeaient la prison, ce qui était embarrassant, surtout dans notre culture érythréenne. Finalement, Ester s'est mise à me porter sur son dos jusqu'aux toilettes. Auparavant, lors de mes séances de gymnastique, je courais sur place dans le conteneur, tennis aux pieds, et dans le camp, cela se savait. Et maintenant que je me trouvais dans cet état, tout le monde était choqué et éprouvait de la pitié pour moi, même certains gardiens.

Quand je refusais d'utiliser le seau ou de manger, Ester insistait. Je lui disais que, si je mangeais, j'aurais besoin des toilettes et que je préférais donc uniquement boire. Le fait d'être enfermée dans un conteneur verrouillé, incapable de marcher, percluse de douleurs et humiliée de ne pas pouvoir aller aux toilettes correctement affectait mon moral.

Un autre infirmier a été appelé un jour à cause de mes jambes toujours très enflées, et il m'a demandé à son tour ce qui s'était passé. Lorsque je le lui ai expliqué, il a répondu que j'aurais dû, à ce moment-là, être immédiatement hospitalisée.

Mais je ne pouvais absolument rien faire dans la situation, et mon état ne cessait d'empirer. Chacun des trois infirmiers de la prison recommandait une hospitalisation, mais Suleiman ne voulait toujours pas céder.

A peu près à ce moment-là, j'ai lu un livre intitulé *Le citoyen du ciel*. C'est le témoignage d'un chrétien chinois appelé «frère Yun». Quelqu'un l'avait traduit dans ma langue, le tigrinya, et introduit en cachette dans la prison. Cette lecture m'a encouragée et réconfortée.

Durant ce temps, j'ai continué à écrire aux autres détenus. Les gardiens venaient parfois pour voir comment j'allais, mais j'écrivais sous ma couverture, de manière à ce qu'ils ne s'en aperçoivent pas. Ester distribuait mes lettres en allant aux toilettes le matin, et nous changions très régulièrement de tactique pour éviter d'être repérées. Parfois, elle cachait les courriers dans du tissu, d'autres fois, dans ses vêtements.

Un jour, comme je n'avais pas tout à fait terminé une lettre, elle a dû m'attendre. Je venais juste de la lui donner quand Suleiman est arrivé dans le conteneur. Vite, elle l'a cachée sous une couverture, mais c'était trop tard: il avait vu. Il a rassemblé tous mes papiers et les a emportés dans son bureau. Puis, Ester est partie aux toilettes et, pendant son absence, il est revenu.

– Vous écrivez toujours, Helen? Dans cette lettre, je lis: «Désolée, cela fait un moment que je ne vous ai pas écrit, mais j'écris à plusieurs brebis, et je donne la priorité à celles qui sont dans les situations les plus difficiles.» Qu'est-ce que cela signifie?

Le détenu à qui j'avais adressé cette lettre semblait aller bien, et je pensais qu'il avait moins besoin d'exhortations ou d'encouragements que beaucoup d'autres, qui étaient vraiment abattus. J'écrivais à un grand nombre de personnes.

Certaines étaient croyantes, et je leur envoyais des études bibliques pour que nous puissions échanger à ce sujet. Elles me renvoyaient alors des commentaires ou des questions. Mais j'écrivais aussi à des non-chrétiens pour leur témoigner de ma foi et les encourager. Nombreux étaient les prisonniers qui avaient tenté de se suicider. Je leur faisais donc parvenir des messages d'espérance. Je communiquais aussi avec certains gardiens de la prison et, petit à petit, quelques-uns ont commencé à lire la Bible. Bien évidemment, je n'ai rien dit de tout cela à Suleiman.

– J'abandonne avec vous, Helen, a-t-il fini par dire.

Je lui ai dit que je n'arrêterais pas, et après tout ce qu'ils m'avaient fait subir, il savait que c'était vrai. Il s'en est donc tenu à me demander le nom des destinataires de mes courriers afin qu'il puisse leur donner quelques «conseils», car j'avais utilisé des noms de code.

– Si je livre mes «brebis» à l'ennemi, je ne suis pas un «berger», ai-je répondu. Je dois les protéger.

Il m'a regardée fixement, puis a dit:

– Quelles «brebis»? Quand vous dites que vous êtes occupée à écrire des lettres à d'autres «brebis», voulez-vous dire que vous continuez à enseigner? Comment pouvez-vous, alors que vous êtes enfermée dans ce conteneur, vous plaindre que vous êtes trop occupée?

Une nouvelle fois, il a perdu son calme.

– Mais ce n'est pas un problème, a-t-il continué, car je vais vous pendre!

Puis, avant de retourner à son bureau, il a ajouté:

– J'en ai fini avec vous. Je ne veux plus gaspiller mon temps à vous parler.

C'était vraiment ce qu'il pensait, car après cela, il m'a confiée à un autre interrogateur. J'avais rencontré cet homme, appelé Daniel, la première fois que j'avais été arrêtée, mais il avait été absent pendant des mois et, par conséquent, il n'était pas au courant de ma torture. Il était certainement parti pour une formation, car à son retour, il avait été promu interrogateur en chef.

Les gardiens m'ont portée jusqu'à son bureau, car je ne pouvais toujours pas marcher. Assise sur une chaise, je le regardais faire les cent pas. A son attitude, j'ai vu qu'il essayait de m'impressionner, fort de son nouveau grade.

– Helen, a-t-il fini par dire, chacun lit sa Bible. J'ai deux Bibles, pour ma part. Voulez-vous que je vous les montre?

J'ai souri intérieurement, sachant qu'il jouait la comédie. En Erythrée, nous avons un proverbe qui dit: «Un balai neuf nettoie tout.» N'étant pas au courant que Suleiman lui-même avait abandonné avec moi, il s'efforçait de m'intimider. Il est allé chercher sa matraque, puis il l'a posée sur son bureau, devant moi, et a dit:

– Helen, je vous avertis: si vous ne cessez pas de croire, je vous frappe avec ça!

Je l'ai regardé, puis j'ai ri.

– Vous essayez de me faire peur avec cette matraque? Ce n'est pas nouveau pour moi! On m'a battue avec ça jusqu'à ce que je sois presque morte. Mais ça ne m'a pas fait changer d'avis. Donc si vous voulez me frapper, vous pouvez, mais vous ne pouvez pas me tuer, à moins que ce ne soit la volonté de Dieu.

Il m'a regardée, étonné, et a dit:

– OK... mais je veux le nom de la personne à qui vous avez écrit cette lettre. Je sais déjà de qui il s'agit, mais j'aimerais vous l'entendre dire.

– Si vous le savez déjà, pourquoi me le demandez-vous? ai-je répondu.

Certains membres du personnel, ayant des diplômes, étaient toujours soupçonnés. On se méfiait des gens instruits. Il m'a donné le nom de l'un d'eux, mais j'ai répliqué:

– Je n'ai jamais révélé de noms, et je ne le ferai jamais.

Il a alors changé de tactique et a commencé à me parler gentiment:

– Helen, les personnes à qui vous écrivez ne tiennent pas à vous. Regardez comment vous vous portiez avant et dans quel état vous vous trouvez maintenant. Votre santé décline. Cela ne vous préoccupe-t-il donc pas?

Puis, ne parvenant toujours pas à me convaincre, il m'a renvoyée à mon conteneur. A mon retour, j'ai commencé à me sentir plus mal encore, et j'ai donc fait appeler un infirmier.

– Je perds beaucoup de sang et j'ai la tête qui tourne, lui ai-je expliqué. Ne pouvez-vous pas faire quelque chose pour arrêter ce saignement?

Il m'a fait une injection qui m'a engourdie. Je pensais que c'était peut-être un calmant, mais quand je lui ai demandé des précisions, il a répondu:

– Nous n'avons pas les médicaments pour vous soigner, donc j'essaie ce que nous avons à disposition.

– Vous vous servez de moi comme d'un cobaye! ai-je répliqué.

Ester a regardé l'ampoule et a vu qu'elle était périmée depuis longtemps. Mais lorsqu'elle l'a fait remarquer à l'infirmier, celui-ci a simplement dit en riant:

– N'est-ce pas vous, les expertes? Je vous ai dit que nous n'avions pas d'autres médicaments.

Comme je ne recevais pas le traitement adapté, mon état a continué à se détériorer jusqu'à ce que je ne puisse plus uriner, plus me tenir debout et, bien entendu, plus marcher.

Finalement, les gardiens ont apporté un brancard et m'ont installée dessus pour m'amener à la clinique. L'infirmier a fait venir Suleiman et Daniel, l'interrogateur en chef, et leur a dit avec fermeté:

– Son corps est en train de dépérir et son état est désormais très grave. Si nous la laissons ici, elle va mourir.

– Ce n'est pas grave, a répondu Suleiman en secouant la tête. Son principal problème, c'est qu'elle a faim. Elle ira mieux si on lui donne à manger.

Ester, qui m'avait accompagnée, ne pouvait plus se taire.

– Affamée! a-t-elle crié aux deux hommes, qui l'ont regardée avec surprise. Comment osez-vous dire ça? C'est faux! Helen est dans un état grave parce que vous l'avez torturée!

Ils l'ont fixée pendant un moment, pour finalement l'ignorer et se tourner vers l'infirmier afin de lui donner des instructions quant aux aliments à préparer.

Quand la nourriture a été apportée, Daniel m'a forcée à ouvrir la bouche, tandis que Suleiman me donnait de la soupe de lentilles à la cuillère, comme si j'étais un bébé. J'ai trouvé cela insultant, car je savais qu'ils faisaient semblant de prendre soin de moi.

– S'il vous plaît, arrêtez! ne cessais-je de leur dire. Je ne veux pas manger. La perfusion me suffit.

Ils ont décidé de me laisser à la clinique et ont autorisé Ester à rester avec moi pour qu'elle puisse me porter au champ servant de toilettes durant la nuit. Ils ont chargé un gardien de nous surveiller.

Le bâtiment de la clinique qui, encore une fois, était une simple construction en briques d'argile, était presque aussi rudimentaire que le conteneur. Il y avait juste trois lits au matelas très fin, quelques équipements médicaux extrêmement basiques et une simple ampoule qui pendait au plafond. Ce dernier consistait en deux épaisseurs de tôle ondulée et était plein de trous. Mais le pire de tout, c'était que l'endroit était infesté de rats: je pouvais les voir passer sur moi. Cette première nuit, à peine l'infirmier a-t-il éteint la lumière que j'ai senti quelque chose tirer sur ma manche: il y avait un rat dans mon lit, et il tirait sur mes habits avec ses petites dents pointues. A partir de ce moment-là, j'ai toujours laissé la lumière allumée et j'ai gardé un chat avec moi. Mais les rongeurs étaient très tenaces. Bien entendu, j'ai eu du mal à dormir.

Mon état a continué à empirer et, finalement, Suleiman a autorisé l'infirmier à me conduire à l'hôpital. Les gardiens ont approché un camion à côté de la clinique, et Ester m'a portée à l'intérieur.

C'était en 2006, et j'avais été emprisonnée durant 31 mois et 2 semaines. Ester est toujours en prison.

- 11 -

Relâchée

Lorsque le camion a quitté l'enceinte de la prison, je souffrais trop pour éprouver un véritable sentiment de soulagement. Mais quand nous sommes arrivés dans la ville, j'ai commencé à regarder autour de moi, ce qui détournait quelque peu mon attention de mes terribles douleurs. Je n'avais pas vu Asmara pendant plus de deux ans, et cela m'avait manqué. Après tout ce temps, notre capitale semblait avoir vieilli, elle aussi. Elle me paraissait plus terne et davantage marquée par la misère. Comme le mien, son état s'était dégradé.

Le camion s'est arrêté devant l'hôpital, et un des gardiens est allé chercher un fauteuil roulant. Ils m'ont installée dessus, puis m'ont poussée à l'intérieur du bâtiment. Comme j'avais un peu la nausée, j'ai demandé aux infirmières de m'accompagner aux toilettes, et en chemin, j'ai aperçu un médecin chrétien dont j'avais fait la connaissance avant mon arrestation. Je savais qu'il avait lui aussi été emprisonné, mais j'ai été choquée en le voyant: ses cheveux étaient devenus gris et son visage était couvert de taches de dépigmentation. Les taches de ce genre sont généralement dues à des changements hormonaux, en particulier chez les femmes enceintes, mais dans son cas, elles étaient dues au stress. Comme moi, il avait dû être hospitalisé pour recevoir des soins, et il était accompagné de plusieurs gardiens. Lui aussi avait l'air choqué en voyant l'état dans lequel je me trouvais.

C'était la première fois depuis mon incarcération que j'avais la possibilité de voir un vrai médecin. (Les infirmiers, en prison, ne dispensent vraiment que les premiers soins; ils ne sont pas réellement qualifiés ni professionnels.) Lorsque je lui ai expliqué que mon état était le résultat de tortures, son visage s'est assombri.

– Je vais m'assurer que vous êtes bien admise dans l'établissement en tant que patiente. Ils ne peuvent pas vous renvoyer en prison dans cet état.

Ma mère, qui travaillait comme infirmière dans cet hôpital, a été informée de mon arrivée. Après avoir terminé des soins auprès d'un patient, elle est venue me voir, et j'ai éclaté en sanglots. J'étais tellement soulagée de la voir, mais j'avais du mal à croire qu'elle ait pu vieillir autant depuis mon arrestation. De son côté, lorsqu'elle a vu dans quel état je me trouvais, elle a essayé de se contrôler, mais je savais qu'elle était terriblement choquée.

Les gardiens qui m'avaient accompagnée à l'hôpital se tenaient debout devant la porte de ma chambre, et à ce moment-là, l'un d'eux a dit:

– Helen, vous êtes quand même humaine... Nous ne vous avons jamais vue pleurer jusque-là...

Quelques jours plus tard, j'ai eu droit à des visites: toute ma famille est venue me voir. C'est poussée par une infirmière dans un fauteuil roulant que je suis allée à leur rencontre. Tous ont pleuré et gémi en me voyant, en particulier ma grand-mère et Eva. Ma fille était presque hystérique; elle pleurait sans s'arrêter et s'écriait:

– Ma mère est paralysée! Est-ce qu'elle pourra remarcher un jour?

Mais personne ne pouvait lui donner de réponse, car la situation était grave.

Toutefois, j'étais reconnaissante de me trouver à l'hôpital, car au moins, j'y recevais des soins médicaux corrects et ma famille pouvait m'apporter des rations supplémentaires de nourriture. J'étais triste que mon ami, le médecin chrétien, ne puisse pas lui aussi bénéficier de plats faits maison. Les détenus hospitalisés avaient à manger deux fois par jour, mais en général, ils n'étaient pas autorisés à recevoir quoi que ce soit de la part des visiteurs. Une exception a été faite dans mon cas, peut-être parce que j'étais si mal en point et que j'avais été si cruellement battue.

Au moment des repas, une femme apportait une énorme casserole dans le pavillon. La plupart du temps, elle contenait des pâtes[1], qui étaient toutefois beaucoup trop cuites et ressemblaient plutôt à du porridge. Et elles étaient servies telles quelles, sans sauce. Mon ami médecin était très malade lui aussi: il souffrait de diabète, de problèmes au foie et d'asthme, tout cela à cause de son séjour en prison, et il aurait eu besoin d'une nourriture bien équilibrée. Pourtant, c'était tout ce qu'il recevait. Autrefois médecin respecté, issu d'une bonne famille, il devait désormais faire docilement la queue avec les autres prisonniers.

Un jour, tandis que j'étais assise dans mon fauteuil roulant, dehors, à l'air frais, j'ai observé l'employée jeter une grosse portion de ces pâtes collantes et trop cuites dans son assiette. Cela m'a fait pleurer. J'étais tellement triste de voir mon ami subir tout cela! Cet homme qui avait aidé tant de personnes et n'avait rien fait de mal était emprisonné et puni pour un seul «crime»: celui de croire en Jésus.

Plus tard, ce jour-là, je l'ai regardé essayer de laver ses habits, car les prisonniers doivent le faire eux-mêmes. Dans sa famille, comme souvent, ils employaient une domestique pour faire ce travail, et mon pauvre ami avait donc bien du mal. En outre, les garçons ne font jamais la lessive en Erythrée. Et s'il y a du personnel de maison, les filles non plus ne participent pas à

[1] On mange souvent des pâtes, en Erythrée, car le pays était autrefois une colonie italienne.

cette tâche. Cherchant à détendre l'atmosphère, je lui ai demandé en plaisantant:

– Vous appréciez ce moment de lessive?

– Helen, a-t-il répondu en se tournant vers moi avec un sourire triste, je n'ai jamais lavé ne serait-ce qu'un mouchoir auparavant...

L'hôpital a envoyé un mot à la prison disant que mon état de santé ne me permettait pas d'être à nouveau incarcérée. On m'avait installée dans une chambre réservée aux femmes détenues, mais j'y étais seule. De l'autre côté du couloir se trouvait la section des hommes. A chaque fois que quelqu'un décédait, son corps était placé sur un brancard, puis laissé dans le couloir... devant ma porte. Je voyais des cadavres tout le temps. Petit à petit, j'ai fini par avoir l'impression que tous les détenus hospitalisés mouraient. Mais bien évidemment, il n'en était pas ainsi. En fait, c'était simplement qu'ils arrivaient parfois déjà mourants et que, en général, le corps médical ne pouvait plus rien faire pour les sauver. Malgré tout, j'ai commencé à devenir paranoïaque et à soupçonner les médecins de les tuer au lieu de chercher à les garder en vie. Ainsi, lorsqu'ils ont essayé de me donner des médicaments, j'avais peur qu'ils ne fassent la même chose avec moi. Mon cœur était rempli de pensées noires et de doutes, bien que je sois chrétienne.

Une fois de plus, je n'avais aucune intimité: j'étais poussée sur un fauteuil roulant pour aller aux w.-c. et j'avais besoin d'aide pour faire ma toilette. En outre, il y avait toujours des gardiens de la prison pour surveiller les détenus.

Les médecins ont commencé à me faire des injections contre la douleur, mais ensuite, ils ont dû arrêter pour me donner du paracétamol, car les injections étaient mauvaises pour mon foie. Toutefois, le paracétamol n'était pas aussi efficace, et j'avais souvent besoin d'appeler l'infirmière pendant la nuit, tant mon corps me faisait souffrir. Mais finalement, j'ai préféré cesser de déranger le personnel durant ces heures nocturnes.

Ma jambe gauche n'allait toujours pas mieux: elle ne désenflait pas et, à chaque fois que je posais le pied par terre, je ressentais une douleur cuisante.

Les médecins avaient hâte de me faire marcher à nouveau, mais je trouvais cela dur à cause de ma jambe. Il était trop tôt pour faire de la kinésithérapie. Finalement, ils ont parlé de me transférer à l'hôpital spécialisé d'Oreta, de l'autre côté d'Asmara. Mes parents ont alors demandé à ce qu'on me laisse à leurs soins, disant qu'ils m'inscriraient à Oreta en tant que patiente ambulatoire. C'est ainsi qu'ils m'ont ramenée à la maison et qu'ils ont commencé à me nourrir correctement, à me soigner et à me donner des bains. Mon père m'amenait régulièrement à Oreta pour le traitement et, petit à petit, j'ai commencé à aller mieux. Toutefois, même si, officiellement, je n'étais plus détenue, je me trouvais toujours sous surveillance. Des agents de la police secrète montaient la garde autour de la maison. Sans cesse, ils demandaient à mes parents:

– Comment va la jambe d'Helen? Est-ce qu'elle va mieux?

Ainsi, même quand j'avais de la visite, il m'était difficile de parler, car j'avais peur que mes propos ne soient rapportés à la police secrète. Car, c'était certain, s'ils trouvaient que mon état s'était suffisamment amélioré, ils m'enverraient à nouveau en prison et j'y mourrais probablement.

J'ai donc élaboré en secret un plan pour quitter l'Erythrée. Je me suis rendue à l'ambassade soudanaise et je leur ai demandé de m'accorder un visa me permettant d'entrer au Soudan.

C'était un miracle que je l'obtienne, car si les autorités avaient su que je projetais de quitter définitivement le pays, on m'en aurait empêchée. Même si les agents de la police secrète me suivaient partout, ils semblaient être aveuglés quant à ce que j'étais en train de préparer, et je sentais que Dieu avait sa main sur la situation.

Ensuite, je suis allée passer la visite médicale obligatoire pour quitter le territoire, et le docteur m'a demandé:

– Pourquoi avez-vous besoin de cette visite médicale? C'est celle qu'on passe juste avant de quitter le pays...

– J'ai juste besoin d'un check-up, ai-je répondu.

Il a haussé les épaules et a continué à m'ausculter.

Il y avait 1 chance sur 100 que je puisse quitter l'Erythrée en avion. La plupart des personnes sont obligées de s'échapper par la terre, en passant la frontière clandestinement, mais vu mon handicap, cela aurait été impossible. J'avais le sentiment que Dieu dirigeait tout: ma sortie de prison, l'accord de l'hôpital quant à mon retour chez mes parents, puis toutes ces choses qui, maintenant, se mettaient en place pour mon départ.

A l'aéroport, tandis que, appuyée sur mes béquilles, j'attendais pour l'enregistrement, j'ai soudain vu un agent de sécurité me regarder. J'avais peur que, d'une manière ou d'une autre, il sache qui j'étais et ce que je faisais là. Lorsqu'il est venu vers moi, j'ai senti mes jambes se mettre à trembler. Mais il a mis sa main sur mon bras en disant:

– Permettez-moi de vous aider.

J'ai murmuré des remerciements, et il a souri.

– Nous devons aider ceux qui se sont battus si bravement pour notre pays.

Je n'avais pourtant rien dit de tel, mais il pensait que j'avais été blessée dans les combats contre l'Ethiopie et que, suite à cela, je m'étais retrouvée infirme.

Puis, quand j'ai tendu mon passeport, les employés m'ont à peine regardée; ma photo était ancienne et les noms 'Helen' et 'Berhane' sont courants en Erythrée. Je sentais que Dieu aveuglait les personnes qui auraient pu m'arrêter dans ma fuite.

Dans l'avion, ils m'ont placée sur un siège réservé aux personnes handicapées, près de la fenêtre. Lorsque nous avons décollé, j'ai regardé par le hublot, et j'ai vu Asmara qui s'étendait au-dessous de nous. Plissant les yeux à cause du soleil, j'ai cru apercevoir au loin la prison où j'avais passé plus de deux années, souffrant pour mon Dieu. J'avais du mal à croire, en cet instant, que je quittais mon pays bien-aimé. J'avais aussi l'impression que, d'une minute à l'autre, j'allais me réveiller sur le sol dur et froid de mon conteneur, pour découvrir que ma liberté n'était finalement qu'un rêve.

Mais elle était bien réalité. Oui, par la grâce de Dieu, j'étais libre!

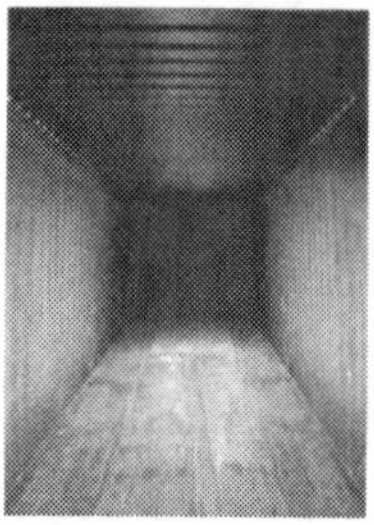

- 12 -

La vie en liberté

Je venais de quitter mon pays et le voyage ne faisait que commencer. A l'aéroport, ma sœur aînée est venue me chercher et m'a emmenée chez elle. Au début, j'ai eu un peu de mal à m'habituer à la vie au Soudan, car il y fait plus chaud qu'en Erythrée, et je passais la plus grande partie de la journée seule, tandis que ma sœur travaillait dans un cybercafé.

J'ai commencé à voir un médecin régulièrement; le traitement était onéreux, mais ma famille et mes amis en Erythrée ainsi que bien d'autres, à travers l'association chrétienne *Release Eritrea*[1], m'aidaient financièrement. J'étais vraiment stupéfaite de découvrir que des gens que je n'avais jamais rencontrés avaient prié pour moi pendant ma détention, et j'étais très reconnaissante pour leurs prières.

Chaque jour, je devais continuer à prendre six médicaments différents, mais grâce à la bonne nourriture et ma liberté retrouvée, mon état s'améliorait. Après avoir été si cruellement battue par Suleiman, j'avais souffert de troubles de la mémoire, mais désormais, ces troubles semblaient disparaître. Le médecin qui me suivait m'a dit un jour que les muscles de ma jambe gauche étaient atrophiés et que, d'après une échographie, j'avais des lésions au foie. Il m'a donc aussi soignée pour cela.

Il m'a recommandé de faire des exercices physiques pour que ma musculature puisse se reconstituer. Un ami de longue date, que j'avais rencontré à l'église et qui habitait désormais au Soudan, venait me chercher tous les jours pour m'emmener à la gymnastique. Au début, c'était difficile, car le fait de me tenir debout me provoquait des douleurs. En outre, je perdais souvent l'équilibre. Mais avec le temps, cela aussi s'est arrangé.

---

[1] Voir informations p. 177.

Cependant, je n'étais toujours pas en sécurité. Presque chaque jour, le téléphone sonnait, et lorsque je répondais, une voix disait:

– Nous vous surveillons.

Je me faisais aussi du souci pour Eva, qui était restée en Erythrée avec mes parents. J'avais peur de ne plus jamais la revoir, et je craignais aussi que le gouvernement ne cherche à lui faire du mal. En outre, je savais qu'à 18 ans, elle serait obligée de partir à l'armée, et je désirais pour elle un avenir meilleur. Cependant, comme la police secrète continuait à me surveiller, il y avait peu de chances qu'elle puisse quitter le pays de la même manière que moi. J'ai donc pris la difficile décision de la faire sortir clandestinement.

J'ai contacté un passeur, que j'ai payé et chargé de ramener Eva au Soudan. Cela devait se faire par le désert. C'était une entreprise très dangereuse, je le savais. Bien des trafiquants, en effet, conduisaient leur groupe dans le désert pour finalement les dépouiller de tout et les laisser mourir. Et même si le passeur était un homme honnête, ils risquaient toujours de se faire prendre. En outre, le voyage en tant que tel était long et difficile pour une fillette de 12 ans. Mais dans mon cœur, j'étais persuadée que c'était le seul moyen d'offrir à Eva un avenir meilleur.

Avant de partir pour le Soudan, j'avais demandé à quelqu'un de mon entourage en Erythrée de rendre visite à la famille de ma chère amie Elsa pour prendre de ses nouvelles. Nous avions passé quelque temps dans le même conteneur, puisqu'elle était une des deux jeunes femmes (Rahel étant la deuxième) qui avaient été mandatées pour m'espionner. Je l'aimais comme une sœur. Mais les siens n'avaient aucune information à son sujet. Rahel, je le savais, avait été relâchée, même si je n'étais pas parvenue à savoir où elle se trouvait désormais. Et lorsque j'ai envoyé quelqu'un chez ses parents, ceux-ci n'étaient pas très disposés à nous renseigner, car ils craignaient que les autorités ne l'emprisonnent à nouveau en apprenant que j'avais tenté d'entrer en contact avec elle. Tout cela me montrait que je ne pouvais pas laisser Eva en Erythrée. J'avais en effet l'impression que le gouvernement était déterminé à faire souffrir ceux que j'aimais pour me punir.

Assise à Khartoum, je priais pour ma fille qui, en cet instant, se trouvait dans la jeep du passeur, en train de fuir le pays. Pour éviter de se faire repérer, ils devaient rouler sans phares. Le fils du passeur, couché sur le toit, indiquait le chemin à prendre. C'était un voyage long et pénible. La nourriture pour laquelle j'avais payé n'est jamais arrivée et, à un moment donné, quand ils ont dû marcher longtemps, Eva était si faible qu'un autre fugitif a dû la porter sur son dos dans la poussière et la chaleur. Une fois de l'autre côté de la frontière, elle a dû passer plusieurs jours dans un centre de détention, dans lequel une fille de son groupe a apparemment été violée par un vigile. Ensuite, elle a été transférée dans un camp de réfugiés, puis ma sœur l'a rejointe à Khartoum et l'a ramenée à la maison. J'ai remercié Dieu d'avoir veillé sur elle, et j'étais aussi reconnaissante envers les hommes qui l'avaient fait sortir clandestinement du pays.

Toutefois, je prévoyais de quitter le Soudan, car durant les cinq mois qui s'étaient écoulés entre mon départ d'Erythrée et l'arrivée d'Eva, j'avais été obligée de déménager quatre fois, tant j'étais importunée par les appels téléphoniques. Au fil du temps, ceux-ci devenaient de plus en plus menaçants, et lorsque je demandais qui cherchait à me joindre, on me répondait:

– Vous n'avez pas besoin de savoir mon nom. Vous me reconnaîtrez quand je vous aurai!

Nous étions donc véritablement en danger d'être enlevées ou même tuées.

Même si je ne chantais pas dans les églises au Soudan, un pasteur érythréen voulait que je fasse un concert d'évangélisation dans son assemblée à Khartoum. Sans me le dire, il avait préparé des affiches avec ma photo et les avait distribuées à travers la ville. Mais le gouvernement érythréen en avait entendu parler, et j'ai été contrainte de déménager immédiatement. L'organisation chrétienne *Release Eritrea* a fait annuler le concert en essayant d'expliquer au pasteur le danger que cela représentait pour moi, mais celui-ci ne se rendait pas compte de quoi le gouvernement était capable. Il a même cité un verset biblique: «N'ayez pas peur.»[2] Il tenait vraiment à ce que le concert ait lieu, et il est venu me chercher en taxi, mais j'étais déjà partie. *Release Eritrea* travaillait dur pour nous trouver un pays d'accueil en Amérique ou en Europe. N'ayant pas de préférence pour un endroit en particulier, je leur ai dit:

– Nous irons dans le premier pays qui nous acceptera.

Cela a été le Danemark. Lorsque nous avons atterri à Copenhague, c'était comme si nous arrivions dans un autre monde. Nous sommes toutes deux des filles de la ville, et nous n'avions jamais vécu dans un village auparavant. Notre nouveau logement était situé dans une petite commune de campagne, près de la mer et assez loin de la capitale. C'était étrange, pour nous. A mon arrivée, j'avais encore beaucoup de peine à me déplacer, mais quand mon état s'est amélioré, je rêvais du bruit et de l'activité qui caractérisaient Asmara.

Ce changement a été particulièrement dur pour Eva, car dans notre village, la moyenne d'âge était assez élevée, et elle n'avait pas la possibilité de rencontrer des jeunes. Elle avait

---

[2] Exode 14.13.

vécu avec mes parents et ma petite sœur, et désormais, nous n'étions plus que toutes les deux. En outre, il n'y avait pas d'école dans la commune et elle allait donc devoir se rendre tous les jours à la ville la plus proche. Lorsque je me suis sentie suffisamment bien, j'ai commencé moi aussi à aller une fois par semaine à la ville pour apprendre le danois et l'anglais dans une école de langues.

Malgré cette adaptation qui n'était pas facile, le Danemark avait pour nous énormément d'avantages. Dans mon pays, je n'avais, durant les années précédentes, connu rien d'autre que l'emprisonnement, la maltraitance et la torture. Au Danemark, où j'étais pourtant une étrangère, les gens s'occupaient de moi comme si j'étais une des leurs.

Là, j'ai été soignée pour mes yeux, ma vue ayant beaucoup baissé. Et à cause de la malnutrition dont j'ai souffert en prison, j'ai aussi des problèmes aux dents, mais au Danemark, je bénéficie de soins dentaires adaptés. En outre, une fois par semaine, deux femmes viennent nous faire le ménage et la lessive. A chaque fois que je pense à la gentillesse du peuple et du gouvernement danois, je demande à Dieu de les bénir.

Le Danemark et l'Erythrée ont presque le même nombre d'habitants, mais je me rends compte qu'au Danemark, les gens se respectent et s'apprécient. Chacun travaille pour le développement et le progrès du pays. Et ils ne s'occupent pas seulement des droits de l'homme, mais même de ceux des animaux!

Je les envierai toujours, en pensant à mon pays. Si quelqu'un travaille dur en Erythrée, le gouvernement ne lui manifeste aucune reconnaissance. A l'inverse, il nous oblige à cesser de travailler, comme j'en ai fait l'expérience. Le gouvernement danois, en revanche, fait tout pour aider son peuple. Il cherche par tous les moyens à améliorer le système, notamment en matière de santé et d'éducation. Chez nous, c'est le contraire: les autorités passent leur temps à agrandir les prisons et ne se préoccupent pas du bien des gens. C'est pour cela que beaucoup d'Erythréens se sont exilés. J'ai honte, quand j'y pense, car nous avons suffisamment de terres pour nourrir notre population. Le Danemark non seulement protège son peuple, mais il s'occupe aussi de milliers de réfugiés. Combien j'apprécie la liberté que j'ai ici de vivre ma foi et d'en témoigner!

Lorsque j'ai été suffisamment bien pour marcher avec deux cannes, j'ai repris mon ministère: le chant. J'ai aussi commencé à participer à des études bibliques et j'ai chanté dans les églises des alentours. Maintenant que je vais beaucoup mieux et que je peux marcher sans béquilles (lentement), je me rends dans d'autres pays pour témoigner: je suis notamment allée en Hollande, en Allemagne et en Suède. Et je prie pour que, à l'avenir, je puisse voyager à travers le monde entier pour répandre l'Evangile.

Je suis reconnaissante à Dieu de pouvoir dormir et de ne pas avoir de séquelles psychologiques suite à ce que j'ai vécu en prison, comme c'est le cas de bien des personnes qui ont subi la torture. J'ai vraiment fait l'expérience, dans ma vie, de ce qui est écrit dans la deuxième épître de Paul aux Corinthiens: «Et même si notre être extérieur se détruit, notre être intérieur se renouvelle de jour en jour» (2 Corinthiens 4.16). Et, par-dessus tout, je suis reconnaissante de ne plus vivre dans la peur. Je peux aller et venir en toute sécurité. Lorsque j'étais incarcérée, tout était contrôlé: on nous disait quand manger, quand dormir et même quand aller aux toilettes. Maintenant, je suis libre de prendre un bain à l'heure que je veux. Mon désir, pour tous ceux qui souffrent encore en prison, c'est qu'ils puissent un jour jouir eux aussi de la liberté qui est mienne aujourd'hui. C'est ma prière pour eux.

Ma nouvelle vie au Danemark résulte entièrement de la grâce de Dieu, et je vis pour mon Seigneur. S'il décide de m'envoyer ailleurs, j'irai et je serai heureuse. En prison, j'ai découvert que l'être humain a besoin de très peu pour survivre. Donc, désormais, je ne crains pas ce que l'avenir me réserve. Pour le moment, je ne peux pas travailler, et j'ai des ressources très limitées, mais je suis contente de ce que j'ai. J'ai appris à être satisfaite même dans des espaces réduits, et à remercier le Seigneur malgré les épreuves. Si les humains ne peuvent pas faire tout ce qu'ils veulent, Dieu, lui, est tout-puissant. Rien ne lui est impossible. Il était avec moi en prison, il était avec moi au Soudan, il est avec moi au Danemark, et je sais qu'il sera avec moi où que j'aille.

Epilogue

Je n'ai jamais souhaité quitter mon pays, mais la plupart des chrétiens érythréens y sont contraints à cause de leur foi: nous n'avons pas la liberté de lire le Livre que nous aimons ni d'adorer notre Dieu. Beaucoup d'intellectuels et de gens instruits ont dû s'exiler, eux aussi. Pourtant, l'Erythrée a besoin d'eux pour prospérer et se développer. Nous avons dû «secouer la poussière de nos pieds» en partant, et nous avons fait l'expérience qu'en effet, «un prophète n'est méprisé que dans sa patrie» (Marc 6.4). En Erythrée, nous n'avons connu qu'avilissements et humiliations. Nous avons été torturés, nous avons présenté notre dos à leurs matraques et nous avons été séparés de ceux que nous aimions.

Mon désir et ma prière, c'est que tout cela change et que Dieu intervienne afin que la persécution cesse en Erythrée. Bien des pasteurs passent leur vie en prison. Leurs enfants deviennent orphelins, et certains ne connaissent jamais leurs parents. De jeunes épouses sont séparées de leur jeune mari. Les familles et les amis sont dispersés à travers le monde entier. J'aimerais encourager chaque chrétien à prier pour que ces choses prennent fin. Je souhaite simplement pouvoir vivre comme tout le monde, en paix dans mon pays. Je demande quotidiennement à Dieu de faire un jour de l'Erythrée une nation où l'Evangile puisse être annoncé librement, un pays qui soit une bénédiction pour tous les autres.

J'ai un message à transmettre aux lecteurs chrétiens qui vivent dans le monde libre: ne considérez pas votre liberté comme allant de soi. Saisissez toutes les occasions, chaque jour, de louer le Seigneur. Si j'ai pu chanter en prison, imaginez tout ce que vous pouvez faire pour sa gloire avec votre liberté.

Ensuite, j'ai un message pour mes persécuteurs. Je veux leur dire que je les aime et que j'espère qu'un jour, ils croiront en ce Jésus que je sers.

J'aimerais rappeler au gouvernement de l'Erythrée que nous parlons la même langue, que nous avons les mêmes racines et que nous sommes de la même couleur de peau. Nous sommes tous des Erythréens, pourtant, les autorités du pays nous persécutent à cause de nos convictions religieuses. Je les invite à changer, à choisir d'aimer au lieu de haïr et à favoriser l'harmonie au sein de la population. Je les invite à apprendre à être tolérantes et soucieuses du bien du peuple, à travailler pour le progrès et le développement de la nation et à construire au lieu de détruire.

Avant de vous quitter, j'aimerais vous laisser un chant que j'ai écrit en prison:

Notre père Abraham marcha trois jours pour sacrifier son fils,
De la Philistie au pays de Morija.
Morija: un lieu qui nous rappelle la récompense
reçue par Abraham.
Il n'eut pas de regrets le premier jour, ni le second, ni le troisième;
Sa détermination était incroyable.
Morija: un voyage extraordinaire.
Aujourd'hui encore, Dieu a des serviteurs fidèles
Qui gardent ses promesses et s'appuient fermement
sur sa Parole.
Le Dieu d'Abraham est fidèle,
Toujours fidèle pour accomplir sa Parole.

Refrain: La foi en Jésus coûte la vie,
Mais au bout, c'est la victoire.

De fidèles serviteurs de Dieu refusèrent de se laisser séduire
par l'alléchante proposition d'un souverain puissant,
Décidant en leur cœur de ne pas se souiller avec les mets du roi.
Ils avaient meilleur aspect que tous les autres jeunes hommes
Et ont pu se tenir auprès des rois.

Refrain: La foi en Jésus coûte la vie,
Mais au bout, c'est la victoire.

Battu à coups de fouet,
Bravant les flots mugissants et le vent puissant,
Lapidé, souffrant de jour comme de nuit,
A travers toutes ces épreuves de foi, Paul est resté fidèle.

Refrain: La foi en Jésus coûte la vie,
Mais au bout, c'est la victoire.

Ruth, espérant contre toute espérance, se mit en route.
Même pour une tribu dédaignée, un sacrifice avait été offert.
Ruth ne devait pas avoir part à la bénédiction,
Mais par la foi, elle partit pour Bethléhem,
Pour finalement entrer dans la généalogie de Jésus.

Refrain: La foi en Jésus coûte la vie,
Mais au bout, c'est la victoire.[1]

Le plus grand rêve que j'ai est de pouvoir retourner un jour dans mon pays bien-aimé et d'entonner un chant de louange dans le stade d'Asmara. Avec Dieu, toutes choses sont possibles, c'est pourquoi je prie qu'un jour, il en soit ainsi.

---

[1] Traduction libre. (N.d.E.)

Release Eritrea (Libérez l'Erythrée)

Release Eritrea est une organisation de défense des droits de l'homme fondée en 2004 par un groupe d'Erythréens vivant au Royaume-Uni. Elle a pour but de promouvoir la tolérance religieuse en Erythrée et de défendre et soutenir financièrement ceux qui, comme Helen Berhane, ont été victimes de la persécution à cause de leur foi.

Release Eritrea agit sur un plan international pour s'assurer que les politiciens n'oublient pas la question de la tolérance religieuse en Erythrée. L'organisation soutient ceux qui ont été persécutés pour leur foi, qu'ils soient dans leur pays, dans un camp de réfugiés ou à l'étranger en tant que demandeurs d'asile. Elle travaille avec des groupes chrétiens érythréens ainsi qu'avec des associations civiques et des organisations politiques pour promouvoir la liberté de religion en Erythrée. Enfin, elle organise des rencontres de prière pour les chrétiens persécutés.

Dans la même collection

Les petites fleurs ne meurent jamais
Christiane Berville

Elle l'aimait tant, son papa! C'était son héros, celui qui savait tout, qui la protégeait, qui savait la faire rire. Il l'appelait «ma princesse». Ses frères et sœurs disaient qu'elle était «la chouchou du paternel». Peu lui importait, elle était bien dans les bras de son papa. Que pouvait-il lui arriver? Et puis, un jour, la princesse est morte de l'intérieur: son papa l'a «trop aimée».
Victime d'inceste à l'âge de 5 ans, l'auteur raconte avec pudeur, dans un style à la fois direct et sobre, le traumatisme de son enfance ainsi que le long processus de guérison qui lui permet aujourd'hui de témoigner de son vécu à l'intention de tous ceux qui, comme elle, sont touchés par l'abus sexuel.
208 pages – ISBN 978-2-940335-26-8

De l'enfer à l'endroit, **Myriam Declair**

«Les Enfants de Dieu»: un nom qui inspire confiance, qui paraît lumineux, un mouvement qui se dit chrétien. Et pourtant! Adepte de cette secte pendant 10 ans, Myriam Declair (pseudonyme) témoigne des mécanismes de manipulation mentale et de coercition psychologique exercés en son sein et des difficultés rencontrées pour en sortir. En racontant ce qui lui est arrivé et en proclamant haut et fort qu'il y a une vie après la secte, elle encou-

rage les personnes qui ont dû lutter et qui peinent encore à vivre dans notre société après leur sortie d'un groupement sectaire, tout en aidant les autres à les accueillir.
240 pages – ISBN 978-2-940335-28-2

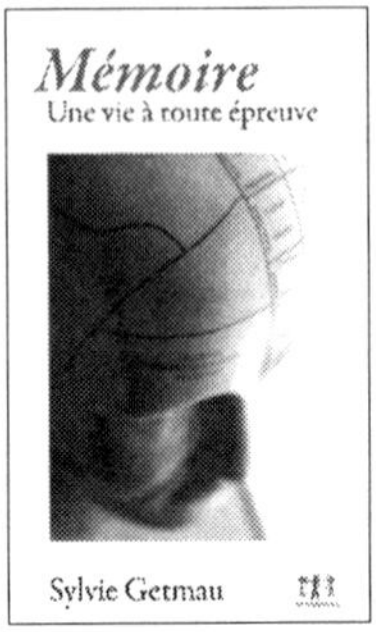

Mémoire. Une vie à toute épreuve
Sylvie Getmau
Tumeur au cerveau, paralysie, cancer, cécité, accident de la route. Sur le fil du rasoir, le récit bouleversant d'une vie remplie d'épreuves et la manière d'y faire face: une traversée du miroir de la souffrance débouchant sur une rencontre exceptionnelle! Si la résilience avait un nom, ce serait probablement *Mémoire. Une vie à toute épreuve*. Un livre qui recule les limites du supportable et qui nous montre comment rebondir par-delà l'intolérable!
192 pages – ISBN 978-2-940335-40-4

A découvrir, aux Editions Ourania

J'ai dit non à la vengeance
Jonathan Carswell & Joanna Wright
18 avril 2007. Trois chrétiens sont sauvagement assassinés en Turquie.
Largement relayé par les médias sur le moment, puis aussitôt oublié par certains, le drame de Malatya représente pour d'autres une réalité douloureuse aujourd'hui encore. Désormais seule avec ses enfants dans le pays qui lui a pris son mari, Susanne Geske a dit haut et fort non à la vengeance.

Où a-t-elle pu trouver la force de pardonner? Que s'est-il réellement passé? Comment en est-on arrivé là? Les auteurs ont cherché à connaître la vérité de la bouche de la seule personne apte à la transmettre avec exactitude, Susanne elle-même, et ils livrent ici le résultat de leur enquête. Un récit bouleversant en forme de coeur à coeur, qui mérite d'être lu, relu et distribué.
184 pages – ISBN 978-2-940335-27-5

Lightning Source UK Ltd.
Milton Keynes UK
UKOW04f0323100813

215130UK00001B/3/P

9 782940 335725